サッカー脳で考える起業のルール

ビジネスをゲームメークする49の方法

石塚洋輔
経営コンサルタント

合同フォレスト

はじめに
なぜ好きなことを極めると人生が豊かになるのか？

皆さん、初めまして。私は石塚洋輔といいます。

子どもの頃に始めたサッカーから実に多くのことを学び、その経験を生かして30歳の時に起業し、今は複数の起業家や企業への経営コンサルティング、介護福祉事業をはじめ、社会性のある事業にチャレンジしています。

さて、この国では、今でも「好きなこと」にうつつを抜かすのは良くないこと、やりたいことを我慢して、嫌なことでも辛抱してこそ成功するという考え方があります。好きなことをやり続けるのは、そんなに悪いことで、嫌なことを我慢して続ける先に成功が待っているというのでしょうか。

これまで私には、さまざまな困難がありましたが、大好きなサッカーを続けてきたからこそ、今の自分があると確信しています。**好きなことを続けてきたからこそ**、そこからたくさんのことを学び、仕事を進める上での知恵や勇気をもらい、自分の人生が豊かになったと思っています。

もちろん、いつも順風満帆だったわけではありません。

小学4年生でサッカーを始めましたが、中学校に入学するとすぐに、足に大きなけがを負い、続けることができなくなりました。

一瞬にして、サッカーでプロになるという夢が目の前から消えてしまった私は、泣く泣くサッカーをやめ、とても落ち込み、不本意な学生時代を過ごしました。

しかし、そんな私を闇の中から救い出してくれたのも、サッカーでした。けがで選手の道は断念せざるを得ませんでしたが、高校卒業目前にけがも回復し、コーチとしてサッカーの世界に復帰することができたのです。

自分の出身クラブでコーチとして、大学入学後も子どもたちにサッカーを教えました。子どもたちが選手としても人間としても、大きく成長していく姿を幾度となく見てきました。

日々成長する子どもたちの姿に言いようもない感動を覚えました。そうした体験から、お客さまの本当にやりたいことを実現に導くことを天職にしようと思い立ち、30歳の時に介護福祉事業を始めました。

いまは、この他に自分の好きなことや知識、経験、スキルなどで起業を考える人たちや、売り上げや集客に悩む経営者のためのコンサルタントもしています。

本書には、好きなサッカーから学んだ仕事のルールや人間関係の築き方、会社経営の現場から知った知恵、コンサルティング業の実際から体系化したノウハウをできるだけたくさん盛り込みました。

仕事で経済的な豊かさを実現し、それぞれの人生の大きな目標を実現すること。

本書がそうした目的のお役に立つことを、心から願っています。

２０１８年12月

経営コンサルタント
石塚洋輔

もくじ

第2章

相手チームの全体像を把握する 【サッカー式リサーチ編】

第3章

攻めて攻めて、まずは先制点 【サッカー式スタートダッシュ編】

第4章

勝てる相手と勝負する――オンライン【サッカー式集客編】

第5章

相手を誘い込んでボールを取る——オフライン【サッカー式お客さまとのコミュニケーション編】

第6章

試合に勝てる選手を育てる 【サッカー式人材育成編】

第7章

オフもサッカーのことを考え、インプットする 【サッカー式自己鍛錬編】

第1章

できる人を見てまねる

【サッカー式起業準備編】

1 モデリングする人を見つける▼同業者でもうかっている人を見つける

サッカーでもビジネスでも、まねをすることが成功の秘訣《ひけつ》です。

インターネットが発達し、google 検索や YouTube を通じて世界中で起こっている出来事を簡単に知ることができるようになりました。

サッカーのスーパープレーもネットで目にすることができ、繰り返し再現することができます。

サッカーの神様、アルゼンチンのディエゴ・マラドーナ選手の5人抜きドリブルは世界中のサッカーファンの伝説になっています。当時の子どもたちは、世界中のスーパープレーに胸を踊らせました。「あの技をやってみたい！」「かっこいい！」と具体的な目標になり、一歩でもサッカーの神様に近づきたい、祝福されたいという希望を胸に日々の練習に励んできました。

これはビジネスでも同じです。

自分のやってみたいビジネスで、理想を実現させている人物とその会社。その人物が日常どんな振る舞いをして、どんなことを考え、どのように会社を経営しているのか、あなたのやりたいビジネスをすでにやっている人物、やっている会社を見つけて徹底的に調べてみましょう。

これを「モデリング」といいます。つまり、**先行事例を研究し、その成功の手法をモデルにして実行する**ことです。そのためには、その人物、その会社に接近できるポジションにいることが重要です。

サッカーは、上手なプレーヤーのまねをすることで上達します。

私は、憧れのマラドーナのビデオを擦り切れるほど見て、その姿を頭に刻み、それを再現するために練習を繰り返しました。

私の利き足は右ですが、マラドーナが左利きだったので、左足でのドリブルの練習を重ねた結果、左右の足でボールが扱えるようになりました。

マラドーナの神業ドリブルに憧れて、子どもながらに徹底的にマラドーナのまねをしたおかげで、実戦でも通用する技を身に付けることができたのです。

このように、**目標とするモデルを定め、その目標とした人物のイメージを再現するための努力を重ねる**ことで、自分の姿が形作られていきます。

乳幼児が歩き始める時、最初にモデルになるのは最も身近にいる親で、その歩きをイメージして、行動をまねているといわれています。

自分の目で見て、強くイメージすることができれば、その像はやがて自分の姿として再現されていきます。

現在の学校教育では、必ずしもまねすることを良しとしていません。やや主体性を重視する方向にシフトしすぎると感じています。しかし、まねのない学びはありません。

そして、**ビジネスの世界では人まねは許されている**のです。

あなたが考えているビジネスがあれば、先行している業者、類似の業者がどのように運営しているのかを調べてください。

●調べるべき5つのポイント

①どのようにお金になっているのか

店頭でのサービスなのか、インターネットでのサービスなのか、セミナーを開催してのサービスなのか。お金になっているポイントを見ていきます。

インターネットで調べられることはあらかじめ調べ、実際にサービスが提供されている現場に足を運び、人がどのように心を動かされ購入に至っているのかを分析します。

②どのようにマーケティングしているのか

その商品、サービスがどのように知られていくのかを見ていきます。テレビなのか、新聞なのか、インターネットなのか、Facebookでの広告なのか、購入者への告知方法を調べます。業種業態によって手段はさまざまですが、扱っている商品を購入する人が多く集まるメディア媒体へ告知しているはずです。広告が長期にわたって出ているようであれば、成功しているビジネスで、しっかり投資回収ができているという証拠です。

③どんな商品があるのか

商品のラインアップを調べます。インターネットで調べられるものもありますが、一番良い方法は実物を確認することです。そして可能であれば、**お金を払って購入し、商品サービスを体験する**ことです。その結果、良さをイメージできたものは、自分の商品サービスにもアイデアを取り入れることができます。自分だったらどのようにするのかを考えて、あなただけのオリジナル商品を生み出すきっかけになります。

④どんな思いで事業を展開しているのか

経営者のプロフィール、企業理念。これらは、お客さまが商品を購入することと、一見無関係に思えますが、実はお客さまとその商品サービスを提供する会社との間に、共通点があるのです。お客さまは過去苦しんできた体験、現在の悩みを解決し、理想や夢をかなえてくれる事業を展開している会社に引かれ、そうした会社から商品・サービスを購入しています。**企業理念への共感**は非常に重要なポイントです。

⑤ **経営者が理想のライフスタイルを実現しているか**

経営者が理想のライフスタイルを実現しているか、という点も重要です。今まで、中小企業の経営者や個人事業主の方をコンサルティングしてきましたが、売り上げが上がっていても、幸せそうではない人をたくさん見てきました。モデルと定めた人物が、理想のライフスタイルを実現しているかどうかを正確に知るには、実際に会うことが一番です。講演会で話を聞く、名刺を交換する、食事を一緒にする、コンサルティングを依頼する。そうしたことの繰り返しによって、**理想の人をメンターにし**、自分のビジネスへモデリングしていきましょう。

2 新しいスキルは反復練習で獲得する

▼ 迅速な着手、テスト、改善を繰り返す

「ドリブルがうまくなりたい！」

「シュートがうまくなりたい！」

自分の技術をさらに向上させるには、新しいスキルをマスターすることが必要になります。マスターしたい新しいスキルが見つかったら、反復練習して身に付けます。

憧れの選手が身に付けているスキルで、今の自分に足りないものがあるのならば、身に付けられるようにチャレンジしましょう。新しいスキルの習得は、次の自分を作っていくために不可欠なことです。

ドリブルがうまくなりたかったら、まずは練習でたくさんボールに触れるようにします。自由にボールが扱えるようになったら、今度は実戦です。ドライブシュートが打ちたければ、どのように足にボールを当てているのか、どんなタイミングで打っているのか。たくさん映像を見て研究します。

何度も何度も試行錯誤してチャレンジし、失敗したら改善点を探し、成功したらなぜうまくいったのかを分析します。うまくいったパターンが分かれば、次に同じ状況になったときにも成功することができます。

インターネットが急速に発展している現代。新しいビジネス手法は次から次へと現れています。

人から人へ直接伝えられていたものが手紙になり、電話になり、今ではインターネットを通じて、非常に多くの人に、かつ同時に情報を届けることができるようになりました。

インターネット、ソーシャル・ネットワーキング・サービス（ＳＮＳ）にもトレンドがあり、時代に合ったものが次々に出てきますので、自社の商品サービスに適している媒体を選び、実行していくことがビジネス利益を最大化させます。

インターネット広告やFacebook広告、時代のトレンドを読み、いち早く着手する。チャレンジと改善を繰り返した会社だけが、先行者利益をつかむことができます。

常に試合での状況を考え、実戦で使えるように反復練習することで、あなたの血となり肉となり、同じような状況が来ても、すぐに対応できるようになります。**実践しながら改善していくこと**が一番効果の出る方法です。

問題に直面したときに適切な対応ができるようになれば、あなたの会社は確実に成長します。市場からも信頼を勝ち得ますので、あなたの商品サービスは選ばれるようになります。

3 チームを移籍してステップアップする

▼まったく違う環境に身を投じる

あなたの現実は、過去の思考・行動の結果です。

もしも、あなたの周りに、自分の1年後、3年後の理想をかなえている人がいなければ、思い切って環境を変えてみることをお勧めします。

その際、自分よりもレベルの高い人たちがいる環境に身を置くことが大切です。

これはサッカーでいうところの〈移籍〉で、自分の理想をかなえている人が多いチームを選ぶことが成長の近道。

チームを変わることで、より高いレベルの選手たちに出会うことができます。

私の敬愛する中田英寿選手の場合を例に挙げ、移籍の意義を紹介しましょう。中田選手は所属したチームでしっかりと活躍し、その上で移籍しています。

◆中田英寿選手の経歴

- 中学3年　15歳以下の日本代表に選出。
- 山梨県の名門韮崎《にらさき》高校へ入学。
- 高校1年　U－17アジアユースへ飛び級出場。
- 高校2年　U－17世界選手権でベスト8。
- 高校3年　U－19アジアユース選手権で準優勝。
- 18歳　Jリーグ12チーム中（当時）11チームからのオファーを受け、ベルマーレ平塚（現　湘南ベルマーレ）へ入団。
- 19歳　U－20FIFAワールドユース選手権でベスト8。アトランタオリンピック出場。年上世代のチームで中心選手として活躍。
- 20歳　フル代表デビュー。そして日本初となるワールドカップ（W杯）出場。
- 21歳　イタリアのプロリーグ・セリエAのACペルージャへ移籍。デビュー戦でゴールを飾り、中心選手として活躍。
- 22歳　ASローマへ移籍し、セリエA優勝に貢献。

中学での活躍が認められ、各年代の日本代表に継続して選出され、高校サッカーでも活躍し、Jリーグへ。1年目にしてレギュラーを獲得し、チームの中心選手になります。

1996年アトランタオリンピックでは強豪ブラジルを破る「マイアミの奇跡」のメンバーとなり、1997年にフル代表へ。

同年に行われた1998年フランスW杯予選では、日本初のW杯出場を決め「ジョホールバルの歓喜」の中心メンバーとして活躍。

その後のフランスW杯は中田選手の存在を世界に知らしめる場となり、イタリアのプロリーグ・セリエAへと移籍することになります。

セリエA移籍後は、デビュー戦で2ゴールの活躍。一気にチームの中心選手となり、信頼を得ました。セリエAの各国を代表するプレーヤーが名を連ねるチームの中で、出場機会を獲得し、苦しい試合でも逆転を演出する活躍で、セリエA優勝にも貢献しました。

このように、中田選手は所属している組織でしっかりと結果を出し、次のレベルへと自分を成長させていったのです。

よく「周りの5人の平均があなたの今の状態」といわれますが、自分の理想のプレースタイルを実現している選手が多数いるチームに所属することが成長の鍵です。

①どんな特徴を持ったチームなのか（攻撃的・守備的など）。

②どんな目標を持っているのか。

③どんなメンバーが集まっているのか。

その点に注目してチームを選んでください。

私が一番成長したと感じたのも、新しいチームに移籍して今までになかった環境を体験した時でした。移籍の動機はさらなる成長、あくなき向上心でしたが、大学のサッカー部から社会人のフットサルチームへと移籍したのです。

そのフットサルチームは元Jリーガーの選手が監督を務め、メンバーもJリーグの下部組織で育った選手がほとんどという強豪ぞろいでした。

プレーのスピードにもテクニックにも圧倒されました。

しかし、悔しい思いをしながら食らいついているうちに、だんだんとそのスピードに慣れ、試合にも出ることができるようになりました。

チームでもまれていたので、23歳以下の都道府県選抜ではレギュラーとなり、全国大会では日本一となることができました。

少し背伸びしたくらいの環境に身を置くことで、自分を成長させることができます。そこにいる人たちの立ち居振る舞い、使っている言葉、思考、行動習慣を観察してください。活躍している選手と自分を比べてみると、いくつもの違いがあるはずです。

活躍している選手には、活躍するだけの確かな理由があります。

まずは、今置かれている環境で結果を出すこと。そして、次のレベルを求め環境を選んでいくこと。それを繰り返していくことで自己成長し続けるのです。


これはビジネスも同じです。あなたの交渉の場における立ち居振る舞い、日常使っている言葉、ビジネスモデルを考える際の思考、日常の行動習慣を徹底的に客観視して分析し、課題を発掘します。そしてその課題を確実に克服していきます。

あなたが自己成長を続けることで、ビジネス相手からも確かな存在として認知され、それだけでなくその業界からも信頼を勝ち得ます。そのことが、あなたの商品やサービスが選ばれるきっかけになるのです。

4 フォワードかディフェンダーか▼起業分野を決める

試合に出場するためには、「自分の強みを生かせるポジション」でアピールできることがポイントです。4年に1度のW杯に出場できる可能性のある登録メンバーは23名。試合に出場できるのは、そのうち11名です。

日本のサッカー選手登録数は約100万人ですから、日本代表になってW杯に出場する選手は、ほんの一握りです。それぞれの選手は4年間、自分の専門のポジションで努力し、活躍を認められて、代表メンバーとして名を連ねているのです。

選手たちはサッカーを始めた頃からチームの主力として戦い、中学校、高校、Jリーグ、海外リーグへとステップアップしていきます。所属チームでのレギュラー争いを勝ち抜き、チームメートや監督に認められて初めて、試合で活躍することができます。

そして、当然ですが、ゴールキーパー（GK）はゴールキーパーのトレーニングをしますし、フォワード（FW）はフォワードのトレーニング、ディフェンダー（DF）はディフェンダーのトレーニングをします。チームを作る上で、あるポジションの選手が必要になったときには、そこを専門にしている選手に声が掛かります。

これは有名な話ですが、元NBAプロバスケットボール選手のマイケル・ジョーダンが、野球選手に転身しました。プロ野球選手となって活躍するというのが、亡き父親との約束だったため、ジョーダンは、バスケットボールで満足なキャリアを終えた後、プロ野球に転向したのです。

しかし、当たり前のことですが、野球では、ジョーダンはバスケットボールほどの活躍はできませんでした。いくら天才であっても、自分の得意分野でなければ、十分な結果を残すことはできません。

ビジネスでも「自分が強い場所」で戦うことが勝つ秘訣《ひけつ》です。

●自分の強みを見つける4つのポイント

① 熱意が湧くこと

これはとても重要なポイントで、「**熱意が湧く**（**やっていて楽しいと思う**）」ことをビジネスにするのをお勧めします。お金になる仕事はたくさんありますが、一生をかけてやっていきたい仕事を選ぶことがベストです。やっていて楽しくないようではお客さまも付きませんし、仮にいっとき軌道に乗ったとしても熱意が湧かなければ衰退の一途をたどります。

② 人からよく聞かれること

「○○のことだったらあなたに聞いてみよう」。このように人からよく聞かれる分野はありませんか？　それはあなたがその分野に詳しいと見られている証拠です。**自分にとっては当たり前の知識でも、他人にとっては問題解決のための貴重な情報の場合もあります。**

③ 一晩中語れること

熱意の部分と通じますが、一晩中でも語れる分野はありませんか？　これはあなた自身のスイートスポット、つまり得意な分野である可能性が高いです。**一晩中語れるということであれば、知識も豊富で、熱意も十分**なはず。人と話していて、ついつい熱く語ってしまう分野を誰しもが持っているはずです。

④ 苦にならずにできること

人には得意・不得意があり、性格も十人十色。同じ人は一人もいません。あなたが当たり前にできることも、他人にとっては困難なことがたくさんあります。**苦にならずにできることは、実はあなたの強み**なのかもしれません。

起業して市場でレギュラー争いをするには、あなたがどの分野の専門家なのか、「ポジショニング」を決めることが大切です。

たとえば、おいしいステーキを食べたいと思った時、ステーキ専門店に行くのか、そこのメニューがそろっている定食屋さんでステーキ定食を注文するのかということです。

あなたがどうしてもおいしいステーキを食べたいと思った時、選ぶのは当然専門店でしょう。

ビジネスを問題解決のための社会的機能の1つと定義とすると、**あなたは何らかの問題を抱えている人**（顧客）**の悩みを解決する救世主**にならなければなりません。

5 仲間の信頼を得る ▼ お客さまの立場でビジネスを考える

子どもたちのサッカーチームを指導していると、試合の出場メンバーを決める場面が必ずあります。

「自分たちでメンバーを決めていいよ」

そんな提案をすると、子どもたちは相手チームを分析しながら、どうやったら勝てるのかを考えてメンバーを選びます。選ばれる選手は、普段から信頼され、力のある選手です。子どもたちは正直で、普段の練習から誰がうまいのか、誰がたくさんゴールを決めているのか、誰が強いのかを見ています。体感的に強い選手からメンバーに選ばれていきます。試合で活躍するためには、仲間の信頼を得ることが必要なのです。

元日本代表の中澤佑二選手がブラジルへサッカー留学した時の話です。サッカー後進国から来た名もなき若者に、試合中にパスが回ってくることはありませんでした。

しかし、必死になってコミュニケーションを図り、練習でもアピールし、実戦でも活躍するようになると、周りからの扱いも変わってきました。

「あいつなら任せられる」と思われ、パスが回ってくるようになったのです。

「あいつを試合に出しても勝てない」と思われている間は、ほんの一瞬でも試合に出ることができません。サッカーに限らず、スポーツは厳しい世界です。

ビジネスも同じです。お客さまからの信頼を勝ち取ることが大切です。

そのためには、お客さまの心理を理解する必要があります。

商品の認知から購買までの人間心理を分析した代表的な概念に、AIDA（アイーダ）、AIDMA（アイドマ）という法則があります。AIDAはアメリカで研究された商品購入に至るまでの顧客心理を表す用語で、

①Attention（注意を引く）

② Interest（関心を引く）
③ Desire（欲求を起こさせる）
④ Action（行動を起こさせる）

という4つの要素の頭文字を取ったものです。①～④の順に心理プロセスが展開されます。

そして、AIDMAでは、AIDAをさらに発展させた考え方で、③Desireと④Actionの間に、Memory（記憶を呼び起こす）が加わります。

① Attention（注意を引く）
② Interest（関心を引く）
③ Desire（欲求を起こさせる）
④ Memory（記憶を呼び起こす）
⑤ Action（行動を起こさせる）

インターネットの時代、自分で調べて良かったものを購入し、その情報をシェアするという行動様式が一般的になり、それをAISAS（アイサス）の法則と呼んでいます。AISASの法則は広告代理店・電通が提唱したもので、

①Attention（注意）
②Interest（関心）
③Search（検索）
④Action（行動）
⑤Share（共有）

という心理プロセスの頭文字を取っています。

このような心理プロセスを理解した上で、それが実現される確率を高めること。そのためには、お客さまの次の４つの行動様式に注目することが大切です。

●お客さまの4つの行動様式

①KNOW（認知）

知っている状態。見知らぬ人から商品サービスを購入する可能性は極めて低いです。近所のコンビニエンスストア（コンビニ）で、知らないレジの人から購入することは？と言われそうですが、あなたはそのコンビニのCMをどこかで見たことがあるはずです。オープンした時には、チラシを見たり看板を見たりしているはずです。

② LIKE（好感）

好感を持った状態。知っている状態から一歩ステップアップです。知っているだけでは商品サービスを購入するには至らず、好きになるというプロセスを踏みます。優秀な営業マンがなぜ成績が良いのか。よく足を運んできてくれたという評価があります。心理学的にはザイオンス効果（単純接触効果）といい、会えば会うほど人は好感を持つことが分かっています。

③ TRUST（信頼）

信頼している状態。信頼している人から「これいいよ！」と言われて、何かを買った経験はありませんか？ 人が商品サービスを購入する際は知っていて、好きで、信頼している人から購入を勧められたという、信頼が前提にあります。

④ BUY（購買）

購買の段階です。結局は、お客さまの信頼を勝ち得ている会社の商品サービスが購入されていきます。販売力のある会社の商品サービスは、より信頼度を高めていくという好循環を実現していきます。

6 今のチームで活躍する▼今やっていることで実績を作る

先ほど紹介した中田英寿選手は、お兄さんの影響で小学3年生からサッカーを始めました。

私も兄の影響でサッカーを始めましたので、きっと中田選手もお兄さん世代と一緒に遊んだりして成長したに違いありません。三浦知良選手、中村俊輔選手、遠藤保仁選手など「弟」の選手がこれまで注目されてきましたが、一歩背伸びした、自分よりもレベルの高い人がいる環境に身を置いていた共通点があります。

中田選手の華麗な経歴を紹介しましたが、所属チームでしっかりと実績を積み重ねて120パーセントの活躍をし、次のレベルへ上がるために強豪チームへ移籍し、見事に活躍しています。

現在のチームが合わないという理由で移籍することもありますし、現在のチームで活躍できなくても、移籍して活躍する選手もいますが、現在の環境で実力を120パーセント発揮しようとしない選手には、次のチャンスは訪れません。

監督や他の選手、チームスタッフなどの周りの人は、あなたのことをしっかりと見ています。

その環境が自分に合うか合わないかにかかわらず、その環境でできることはないか。これを毎日考え、コツコツと努力を積み上げた選手だけが次のレベルへと引き上げられていきます。

現状の環境に文句を言うことは簡単です。しかし、何がうまくいって何がうまくいかないのか。

今よりももっと良くするにはどのようにしたらいいのか。**当たり前のことを当たり前に行動できるスキルが、起業後のあなたのビジネスを加速させます。**

サッカーでは、今のポジションで活躍が認められて、次のステップへと進んでいきます。起業するに当たっても必要なのは実績。お客さまは実績に引き寄せられてやってきます。

ある商品サービスの販売が日本でナンバー1だった、あるいは会社内でナンバー1だった。そんな人であれば、その実績を基に自分の強みを洗い出し、必要な人に必要な情報を届けるだけで仕事の依頼が来るようになります。

多くの人が、自分には実績や強みがないと思っていますが、**これまでそのビジネスにかけてきた時間も立派な実績**です。

1万時間の法則とはよく聞くものですが、8時間労働で考えたときには「3年と4カ月」。9時間労働で考えたときでは、ちょうど「3年」です。

あなたが時間をかけて得てきたスキルは、他の誰かから見ると喉から手が出るほど欲しい知識・スキルなのです。その実績を必要な人に打ち出したら、あなたのビジネスはロケットスタートします。

7 サッカーするにもお金が必要▼自己資金を準備する

サッカー選手の選手寿命は6年といわれています。短い現役生活ですが、活動するにも資金が必要となります。

他方、2017年のJ1リーグの平均年俸は2313万円。日本代表に入るようなトップレベルの選手でも年俸は1億円程度。もちろん税金がありますから、手取りはその半分以下です。J2、J3となると、収入レベルはさらに下がります。J2リーグの平均年俸は約400万円。レギュラーを勝ち取って努力して努力してプロ契約をしても、それでも一般サラリーマンの年収とあまり差はありません。

これがJ3リーグになると、ほとんどの選手が別の手段で生計を立てている状況で、アルバイトで生計を立てる選手もいます。

プロサッカー選手を夢見て小さな頃から努力を重ね、人々に夢や目標を与えながら活動をしている選手でも、芽が出なければ十分な報酬を得ることができずに引退していきます。残酷なようですが、活躍できなければクビ。これがプロの世界、それが現実です。

サッカーでプロになるのは一握り。プロで生活できる人もほんの一握りです。もちろん中には、地域リーグから上のレベルを目指す人。あるいは、趣味でサッカーを続ける人もいます。それでも、サッカーを続けるという選択をすれば、当然お金がかかります。家族を持ったことで選手生活を断念したり、経済的な理由でサッカーを続けられない選手が出ざるを得ません。

自分の好きなことを続けられないのは、残念なことです。今しかできないことを諦めなければならないのは、とても悔しいことです。

夢を追うために経済を諦めるのか、経済のために夢を諦めるのか。

家庭を持つ選手は、当然家族に対する責任があるので早くに引退してしまいます。

体力があるからといって、肉体を使った仕事をする人もいます。社会経験もまだまだ浅いので、自分の強みも分かりません。しかし、経済的に自由を獲得していれば、好きなサッカーを続けることができます。

起業も同じです。

起業するにもお金がかかります。最低限の生活費も必要となります。

具体的には、フランチャイズでビジネスをスタートする場合では、最低でも300万～1500万円は自己資金を持っておきたいところです。

加盟金だけでもそのくらいかかります。また、設備投資や人を雇用することになれば、人件費、家賃、光熱費などのランニングコストがさらにかかることになります。

銀行から融資を受けるにも、自己資金とサラリーマン時代の実績がものをいいます。

銀行はお金を返せるところにしか貸しません。

サラリーマン時代にしっかりと自己資金を蓄え、実績を残して自分はやれると自信を付け、いざ独立することがお勧めです。

独立した時には仕事があるように、逆算して準備することが理想です。

キャッシュフローが大事だといいますが、営業ができ、受注が見込めれば、お金は入ります。お金が回れば事業が継続できますから、まず大切なのは営業（セールス）です。最低限、半年間は生活できる資金を持って、起業にチャレンジしましょう。

第1章
第2章
第3章
第4章
第5章
第6章
第7章

コラム①

夢は大きく！　Think Big！

夢をかなえたいと思っている人は数多くいます。
では実際に、どんな夢を描いているのか？
もちろん、やりたいことも、目指す幸せも人それぞれ。
私が言いたいのは夢の中身のことではありません。
何のことだと思いますか？
　大切なのはサイズです。
つまり、夢の大きさです。
私は世界に出て、いろいろな人と話をしました。
スポーツ選手や起業家、さまざまなジャンルで活躍している方々のお話を聞きました。
そこで強く感じたこと。

それは、「描いた夢しかかなわない」ということです。

厳しい言い方をすれば、小さな夢しか描かない人には、小さな夢しかかなわない。

できることと、できないこと。

自分でその可能性を狭くしてはいませんか？

ちょっとだけ大きく見えるギャップの前に、尻込みしてはいませんか？

ギャップは埋めればいい。

でも、尻込みしていては、いつまでたっても埋まりません。

すぐにはかなわなくても、やり続けた人だけが勝者になれます。

だから大きな夢を描くこと。

Think Big！

どれだけバカにされても、私は世界を良くするために努力し続けます。

サッカースタジアムを建設し、地域コミュニティーを創出し、人々の自己実現に寄与すること。


それが私の夢だから。

第2章

相手チームの全体像を把握する

【サッカー式リサーチ編】

2

8 相手チームの情報を集める▼市場の情報を集める

「彼を知り己を知れば百戦して危うからず」

『兵法』で有名な中国の思想家・孫子の言葉です。

どこに力点を置くかで解釈のパターンもいくつかあるようですが、基本的には、敵の戦力を正しく把握し、味方の戦力と比較すれば、たとえ100回戦っても負けることはないということを説いています。

仮に敵の戦力が圧倒的に上であれば、戦わないという選択をすることもある。

現実的に考えられるところが、孫子が現代でも評価される理由なのだといえます。

2018年のロシアW杯でも、日本代表の戦い方が話題になりました。

直前に起きた監督解任問題に端を発して、国民の間では悲観的な見方も決して少なくはなかったのですが、西野ジャパンは巧みなパスワークと体格差を補う全員参加で、見事決勝トーナメント進出を果たしました。

その背景には、相手チームの戦力と自チームの戦力を冷静に分析し、最適なメンバーで戦うという姿勢があったと私は思っています。


ビジネスでも事情は同じです。

あるマーケットで戦おうとする場合には、同じマーケットに参加しているプレーヤーがどういった戦力を持っているのか、それをできるだけ正確に知る必要があります。

それは商品の性能であったり、サービスの質であったり、価格競争力であったり、いろいろな観点があり得ます。

いずれにせよ、相手の戦力をできるだけ詳しくリサーチし、自軍の戦力と比較すること。

大切なのは言うまでもなく冷静さです。

思い入れが強いほど、冷静な評価は難しくなります。

人間は先入観という呪縛からは、なかなか自由になれない生き物だからです。

孫子の言葉にもあったように、初めから負けると分かっている戦いに挑むことは、勇気ではなく無謀といったほうが正確です。

サッカーでは、リーグ戦の場合など、どうしても避けられない戦いもありますが、ビジネスの場合は必ずしもそうではありません。

まずは、できるだけ詳しく、正確に、相手の情報を集めること。

その大切さを心に留めておいてください。

9 ボールと人の動きを把握し、フィールド全体を見る

▼市場の全体像を把握する

戦う相手の情報を知ること。

しかもできるだけ詳しく、正確に調べること。

その大切さについてお話ししました。

ここでは、サッカーに例えるならば、**グラウンド全体を見渡す有能なボランチのように、市場を眺めること**が重要だということをお話しします。つまり、「中田英寿選手のようなボランチがいるチームは強い」ということです。


ある商品の開発を企画して、ビジネスの戦場に赴こうとしている。

そんな場面を想像してみてください。

あなたは、競合他社がこれまで作ったことのない商品のアイデアを手にしています。そして、それは絶対に売れるという確信があります。

一日も早く新しいマーケットに参戦し、利益を得たい。

そんな強い思いに胸が高鳴っています。


しかし、あなたは同時に有能な「ボランチの精神」を身に付けています。強い確信がある一方で、今の自分が置かれている状況を俯瞰《ふかん》（全体像を把握）し冷静に観察してみる、そんな能力を持っています。

すると、どうでしょう。

今参入しようとしているマーケットは、もともとメーカーと顧客の結び付きが非常に強く、新参者にはとても厳しい環境であることが分かりました。過去に、良質の新商品を手に参戦した他のプレーヤーも、そうした強い関係の前に敗れ去っている歴史がありました。もしもそんな状況と知らずに飛び込んでいたら、きっとあなたの挑戦も失敗に終わっていたことでしょう。

市場の規模、他のプレーヤーの戦力、これまでのヒストリー。そうした全体像を把握することが、勝利に近づくために不可欠の作業なのです。

10 選手のプレーを分析する▼新規事業を細分化してみる

先ほどは状況を俯瞰する大切さについて考えてみました。

ここでは、**足元をしっかりと見つめて考えることの重要性**をお話しします。あなたがビジネスとして考えていることの全体をいったん保留して、今度は**できるだけ細分化して検**

討することの必要性を考えてみましょう。

チームとしての戦力、という言い方をしてきました。

もちろん、そのこと自体は間違いでも何でもなく、正しい評価基準のひとつです。

ですが、「ひとつ」と表現したところに、さらに深く考えるヒントがあります。

チームの戦力は、基本的にはそこに所属する個々の選手の力の積み重ねです。もちろん組み合わせによって強い化学反応が起こり、「1＋1」が2ではなく3や4になることもありますが、その前提にはやはり個々の選手の能力というものがあります。

たとえば、緻密にデータを分析した結果、総合力でみれば、敵のチームとあなたのチームはほぼ互角の戦力、ややあなたのほうに分があるかもしれない、そんな状況だとします。

しかし、あなたのチームには致命的な弱点があります。

それは、左サイドバックの経験が浅く、スキル面でもやや劣ることです。

他方、相手チームには、他チームからも恐れられているフォワードがいて、右の高い位置（ゴール近く）でプレーするのが何よりも得意な選手といわれています。

こうしたケースで、総合力がどれだけの説得力を持つでしょうか。

あなたの事業を総合すると、同業他社よりも高い総合力になるかもしれません。ですが、肝心の主力商品の分野で、あるいは、今後の核にしていきたいと考えるサービスの面で、ライバルに大きく水をあけられているとしたらどうでしょうか。

数ある商品のラインアップの中で、ほとんどは自社のほうが優れている。

でも、勝負をかけるべきひとつの分野だけが、圧倒的なマイナス指標を示している。

そこには、総合力だけでは決して測ることのできない要素があるといえます。

このことは、自社のビジネスの弱点を知る上で非常に役に立つと私は考えます。

単に合計点で比較するのではなく、個々の選手のプレーのレベルで相手と自軍とを比較する。そうすることで、**相手の強みや弱みに加えて、自分たちの強みや弱みについてもできるだけ詳しく、そして正確に、把握する**。それが起業の段階でしっかりとできていれば、あなたがマーケットで勝利する確率は格段に高まります。

こうした「個」と「個」の比較もまた、勝負を有利に運ぶ上で大切な要素の1つなのです。

11 攻めどころを見つける▼ライバル企業の弱点を見つける

個々の選手のプレーを正確に分析すること。あるいは、新規事業をできるだけ細分化して、自社の強みだけでなく弱みについても、できるだけ詳しく、正確に理解すること。そのことの大切さは先ほどお話ししたばかりです。

ここでは、この観点をもう少し深いところから見ていきましょう。

先ほどの例では、自軍の左サイドバックが大きな弱点でした。ところが、もう少し精緻に相手チームの戦力を分析した結果、何と相手チームのボランチが右膝に慢性的な痛みを抱えていて、動きがとても悪いことが分かりました。

相手チームでは、そのボランチへの依存度はとても高いことが知られています。

さて、あなたが監督であればどのような指示を出すでしょうか。

具体的な戦術はいくつかバリエーションがあるでしょう。

たとえば、自軍の左サイドの守りを厚くして、膝を痛めている相手ボランチの動きの悪さを突くこと。パスの出どころを消し、時には厳しいタックルも交えながら、ボールを奪って攻撃へとつなげること。相手チームの依存度の高さを逆手に取って、攻撃の芽を摘むこと。

そうした攻めどころを見つけることで、ゲームの流れは自軍に大きく傾きます。

メッシ選手が機能しないアルゼンチンが勝てないように、相手チームは実力を発揮することができず、自軍の勝利の確率は格段に高くなるはずです。

ビジネスの場面でも同じことがいえます。

総合力ではどうやってもかなわないビッグプレーヤーが、あなたのマーケットですでに大きく幅を利かせているとします。

ところが、抱えているサービスや商品のラインアップは、残念ながら大部分は見劣りがします。

そこで、あなたが主力に据えたいと考えている商品について、明らかに品質もそれに伴うサービスの質も、ビッグプレーヤーよりも上だということが分かったとしたら、間違いなくそこがあなたの攻めどころになります。

ありきたりの言い方ですが、**相手のアキレス腱がどこにあるのかを見つけること。**

それも、できるだけ詳しく、正確に発見すること。

それもまた、勝負の行方を大きく左右する要素の1つであるといえます。

少し不謹慎な言い方に聞こえるかもしれませんが、サッカーでは強豪チームの油断といった要素も十分な攻めどころになります。

サッカーでは毎年、プロアマ問わずオープン参加で日本一を決める天皇杯というトーナメントが実施されています。

天皇杯では毎年のようにジャイアントキリング（圧倒的に不利と思われていたチームが強い相手に勝利を収めること）が起こっています。

もちろん、すべてを油断が理由だということはできません。

しかし、そこには**油断を含めた何かしらの攻めどころが間違いなく存在して、そこを見事に突いたチームが勝利を収めている**のだと思います。

良い意味でも悪い意味でも、多くの教訓を含んでいるといってよいでしょう。

⑫ どう攻めるか戦略を立てる▼シミュレーションを繰り返す

ビジネスには言うまでもなく、戦略が不可欠です。そして、戦略は単に立てるだけではなく、何度もシミュレーションを繰り返すことが大切だといえます。これはサッカーでいう、90分の試合をどう運んで勝利を獲得するかという戦略と同じことです。

- 全体と個を詳しく分析し、正確な情報として理解すること。
- 相手と自分のそれぞれについて、強みと弱みを正しく知ること。
- 相手の弱点を見つけ出し、そこを攻めどころと心得ること。

これらの先に待っている課題は何でしょうか。

言うまでもなくそれは、「**具体的にどう攻めるか、戦略を立てること**」にほかなりません。

先のロシアW杯。予選リーグ最後の試合となったポーランド戦で、「最後の10分」が問題になりました。

1点差で負けている状況（1点ビハインド）にもかかわらず、攻めることをせずボール回しに終始した時間。

しかしそこには、この試合には敗れたとしても、これ以上の失点を防ぐことができれば、得失点差の先にあるフェアプレーポイントでセネガルを上回り、決勝トーナメントに進出することができる。

そんな戦略があったとみることもできます。

情報が知識だとすれば、戦略は実践です。

どれだけ豊富な知識を持っていたとしても、行動が伴わなければ結果は出ません。

優秀な経済学者が有能な経営者ではないのと同じです。

あるいは、優れたサッカー解説者が監督として結果を残せるわけではないのと同じです
（逆のことを言えば、結果を残した監督の解説が必ずしも面白いわけでもありません）。

勝つためには行動が必要です。

しかも、**ただ行動するだけではダメで、勝つための行動（＝戦略）が必要**なのです。


勝つための戦略。

それは相手によって違うので、正解は1つではありません。

ただ、これだけは確実に言えます。

戦略なくして勝つことはほぼ不可能です。


答えは1つではないと言いましたが、戦略を見つけるための方法はあります。

それは、できるだけ多くの選択肢を思い浮かべること。

別の言い方をすれば、できるだけたくさんのシミュレーションを繰り返し、何度も頭を回転させることによって、より最適な答えへとたどり着くことです。

答えの精度は選択肢の数に比例します。

つまり、負けたときには、シミュレーションの回数が少なかったということです。

負けた後に後悔することのないように、時間をかけて頭を使って、最適な答えへとたどり着くための努力を重ねてください。

練習は裏切らない。結局はそういうことなのだと私は信じています。

13 サポーターの声を聴く ▼ 競合他社のお客さまの声を聴く

練習は裏切らない。

だから誰にも負けないくらい練習を重ねる。でも、自分だけで練習を続けることにはどうしても限界があります。

そんなときにどうするか？

それがここでお伝えすることのコアな部分です。

多くの企業がお客さまアンケートを実施しています。

たとえば、飲食チェーン店のテーブルに置かれたアンケート用紙に回答した経験のある方もいるでしょう。

あるいは、街中を歩いている時に新商品のサンプルを渡され、その代わりに類似する商品の使用状況を聞かれる、そんなパターンに遭遇した方もいるかもしれません。

どうして企業は、そこまでしてお客さまの声集めに熱心になるのか。

アンケート1つ取るのにも、決して少なくはないコストがかかります。

それでも、できるだけ多くの声を拾い集めるのにはもちろん理由があります。

お客さまの声には真実があります。

もちろんすべてが耳を傾けるに値するものではありません。

中には一方的な誹謗《ひぼう》中傷もあるでしょう。

ですが、アンケートに答えるという強い意思の裏側には、同じくらい強い思いがあります。

手間をかけてでも伝えたい何かがあります。

そうした何かが、時としてかけがえのない真実をもたらしてくれることになります。

あなたが経営者である場合には、普段は目にすることのない現場のオペレーションの問題が、アンケートによって明らかになることもあるでしょう。

従業員はあなたの前では良い顔をする。

しかし、お客さまに対して常に良い顔をしているとは限らない。

そういった要素を、競合他社という視点を入れてみるとどうなるでしょうか。

そこには相手の真実があります。

たとえば、他社のサービスの中で、強い部分はもちろんのこと、弱みについてもお客さまから寄せられる声の中に同じくらい書かれているはずです。

そうした情報を正確に読み取り、戦略を考える糧とすることが大切です。

独りだけの練習に仲間を加え入れること。

それは、独りよがりになる（可能性の幅が狭くなる）リスクを減らし、時として厳しい声が自分を励まし、プレーヤーとしてのスキルアップが加速することを意味しています。競合他社をそうしたパートナーとして練習に引き入れるのです。

競合他社に寄せられるお客さまの声は、勝つための戦略にとって、この上ない参考になるデータです。

多くのサポーターがひいきのチームに「キーパーを替えろ！」と叫んでいるとすれば、そのチームは過去に何度もキーパーのミスで負けているのだと推測されます。

それが判断ミスなのか、高さの不足によるものなのか。

さらに分析を進めていけば、相手キーパーは前に出るかどうかの判断が弱く、セットプレーに勝機を見いだすべし、という戦略が極めて自然な形で導き出されるかもしれません。

それはまさに、競合他社のお客さまの声が与えてくれた恵みです。

14 勝てる相手と試合する ▼ 自分の強みを知れば勝てる相手が見えてくる

さまざまな角度から情報を集め、分析し、戦略を立てる。

時には競合他社に寄せられるお客さまの声を拾い集め、勝つための戦略作りに結び付ける。

そんなことを今までお伝えしてきました。

しかも、そうした段取りには、サッカーの知見がとても効果的でした。

ですが、ここでは少し違った切り口からお話しします。

日本のプロボクシング界は昨今、村田諒太選手、井上尚弥選手といった素晴らしい選手の登場も重なって、大変な盛り上がりを見せています。

少し時代をさかのぼると、亀田三兄弟がマスコミを賑わせ、私のようなコアなファン以外の人々もボクシングに目を向けるようになりました。

実にさまざまな評価が彼らに寄せられました。

中でも長男の興毅《こうき》選手には、強豪選手との対戦を避け、複数階級制覇という目標の実現だけを優先させたことがタイトルやボクシングの価値を下げた、といったバッシングが起こりました。

それが真実かどうかは私には分かりませんし、良い悪いの評価をすることもできません。しかし、自分の努力次第で勝てる可能性のある相手と戦うという点でいえば、悪いこととは思えませんし、ビジネスにも通じることだと思うのです。

アマチュアスポーツなら話はもっと簡単ですが、プロスポーツを前提に考えた場合、勇敢に挑んで敗れれば、記憶に残っても手元にお金は残りません。

中には両方を手に入れることのできる幸運な選手もいます。

ここで幸運というのは、それだけの才能に恵まれたという意味です。

声援を送ってくれたファンが、入場料以上のお金をくれるわけでもありません。

何より、苦労して手に入れたチャンピオンベルトを手放すかもしれない決断をすることは、たぶん誰にとっても簡単なものではありません。

話をビジネスに置き換えて考えてみましょう。

理想に燃えた経営者がいる。

商品には自信があるし、サービスの面でも決して見劣りはしないと思っている。

しかし、これから参入しようと思っているマーケットには、アップルやアマゾンやソフトバンクのような巨大なプレーヤーがすでに存在している。

それでも挑む。

もちろんそれも選択肢の1つです。

しかし、負けて会社がつぶれれば、それを幸せと呼ぶことはとても難しい。

だから勝てる相手と試合をすること。

ボクシングでは批判的に映ることでも（ちなみに、海外では相性の悪い相手を避けることは半ば常識になっています）、ビジネスの場面ではそうではありません。

情報と戦略を駆使すれば、「勝てる相手」すなわち「戦うべき相手」が自然と見えてきます。

勝つための戦略とは「勝てる相手を探すための作戦」ということができます。

コラム②

夢の基盤になるもの、それは「健康」

どんな天才でも、どんな素晴らしい能力を持っていても、夢をかなえられないことがあります。

そうです、健康を損なってしまった場合です。

よく「体が資本」といいますが、本当にその通りだと思います。

世界の名だたる起業家の多くが、日々健康に気を使っています。

自分の体に投資することの意味や大切さを、正しく理解しているからです。

私自身、健康の大切さを痛いほど感じています。

子どもの頃、足に大けがをして大好きなサッカーが続けられなくなりました。

夢が見えなくなったせいで、鬱《うつ》のような状態にも陥りました。

それまでは学年でトップクラスだった成績も、どんどん下がっていきました。

揚げ句の果てには、髪の毛までが抜けてきました。

健全な精神は健全な肉体に宿る。
肉体が健全（健康）でなければ、心までもが健康を失う。
あるいは、心の乱れは多くの場合、健康を害する結果にもつながる。
自分自身の体験から、それが真実であることを学びました。
だから今は、何よりも健康を大切にし、そこに多くのものを投資しています。

体が動くことはもちろんですが、それだけではありません。
ビジネスはアイデアの勝負であり、頭もきちんと動き続けていなくてはなりません。

そのためにも肉体が健全であり続けること。
けがをしない選手が名選手。
スポーツの世界でもよくいわれていることです。
私が尊敬する中田英寿選手も、本当にけがに強い選手でした。

第3章
攻めて攻めて、まずは先制点
【サッカー式スタートダッシュ編】

15 開始5分で得点を決める▼すばやく売り上げを上げる

サッカーに限らず、先制点を取ったチームが試合を有利に運びます。

1点目を取る時間は、早ければ早いほど有利です。

前述のロシアW杯予選リーグ初戦の日本対コロンビア戦のことを思い出せば、より具体的にイメージが湧きます。

香川選手の蹴ったあのＰＫ（ペナルティキック）が、日本を決勝トーナメントへと導いた。

そう言っても決して過言ではありません。


攻めの姿勢を常に忘れないこと。

多少のリスクは承知の上で、試合開始直後から攻め続けること。

この気持ちが大切です。

リスクを気にするあまり様子を見てばかりでは、先制点の確率は大きく下がってしまいます。

しかし、早い時間帯に点を取ることで、その後の戦い方が必要以上にディフェンシブ（守備的）になってしまうかもしれない。そのことで、かえって負けるリスクが高まる可能性がある。

確かにそうした考え方にも一理あります。

それでも、スタートダッシュに成功した時のメリットを捨てるわけにはいきません。

先制点を挙げると心に余裕が生まれます。

試合に勝つ確率うんぬんという以前に、点を取れたという事実そのものが自信になります。

逆に、追い掛ける立場には常に心理的な圧迫感が伴います。

そうした圧迫感を抱えることで、試合におけるパフォーマンスは気付かないうちに何パーセントか、またはそれ以上低下し、より勝ちへの距離が遠くなります。

こうした心理面も、スタートダッシュのメリットを強調してくれると言ってよいでしょう。

これをビジネスに置き換えるとどうなるでしょうか。

先制点とは言うまでもなく、売り上げです。

事業を始めた段階から攻めに攻めを重ね、満足いくレベルの売り上げを達成すること。

そうすることで、確かな自信と心の余裕が生まれます。

そうした自信や余裕が、ビジネスというゲームのフィールドを支配する強い力に変わり、あなたを勝利へと導いてくれることになります。

ビハインド（点差）を抱えたままでは、そうはいきません。

だからすばやく売り上げを上げること。

誰よりも早く、最初の1点目をあなたのビジネスにしっかりと刻み込むこと。

様子見なんてしている時間はありません。

ビジネスを指南する人の中には、最初は無理をせず、マーケットの様子を見ながら、勝負すべき場所をしっかりと見定める、そんなことを言う人もいるかもしれません。

ですがそれでは、先制点が取れないばかりか、動きの速いトレンドから置いてきぼりを食らう危険性さえ高まります。

攻撃は最大の防御なり。

ビジネスの場面にはそぐわないように見えるかもしれませんが、私にとっては真実です。

サッカーでいえば最初の10分、ビジネスでいえば最初の3カ月。

全力で攻めまくって、貴重な先制点（＝確かな水準の売り上げ）を挙げること。

そのことの大切さを、どうか心に留めておいてください。

16 勝ちパターン・負けパターン両方の試合展開を想定する

▼戦略通りにいかないことを想定する

最初から全力で攻めて先制点を狙いにいく。

そうした戦略の大切さについて見てきました。

ここでは、相手も同じように先制点を狙って必死に攻め込んできた場合、どうするのかについてお話しします。

たとえば、こんな戦略が考えられます。

- 最初から打ち合う（お互いに全力で攻め合う）。
- 相手の勢いが強ければ、失点を避けるためにディフェンス重視へかじを切る。
- 一瞬のスキを突いてカウンターを仕掛ける気構えは常に持っておく。まるでたった3人でゴールを決められるベルギー代表のアザール、ルカク、デブライネのように。

これらは、どれも当初の戦略通りにいかない場合の想定です。

もちろん、答えはこれだけではなく、他にも実にさまざまなパターンがあり得ます。

事前のシミュレーションの大切さについては、前章で紹介しました。

ここでも改めてその意味を思い出してください。

必要なのは、**想定外の事態に備えたオプションを常に準備しておくこと**。

しかも、できるだけ**多くのオプション**を、**事前のシミュレーション**をしっかり重ねることによって、**実行可能なレベルにキープ**しておくこと。

ベルギー戦の日本代表には、残念ながら2点リードしたときのオプションがありませんでした。

それが試合終盤の連続失点を防げなかった一番の理由です。

これをビジネスに置き換えてみます。

思い通りに売り上げが上がらなかった場合にどうするのか。

たとえば、競合他社が怒涛《どとう》の攻勢をかけてきたときに、どのように対抗するのか。またはあえて対抗しないのか。

あるいは、嵐が過ぎ去るのを待って、それまではひたすら耐え抜くのか。

あなたが経営者であれば、従業員の生活のことも考えなければなりませんから、その判断は慎重に行う必要があります。

もうからないから給料が払えない。それは確かに事実なのかもしれませんが、それではビジネスともお別れという結果が待っているだけです。

そんな事態は明らかに望ましいものではありません。

ではどうすればいいのか。

借金をするのも、商品やサービスのラインアップを見直すのも1つのオプションかもしれませんし、起業の段階ですでに十分な運転資金を確保しておくこともオプションとして機能し得るでしょう。

大切なのは考えて、備えることです。

攻め込むことは大事ですが、「攻めたけどやられました」では済まないのがビジネスです。

先制点が取れないときには、致命的なミスを犯さないこと。

そうした厳しさについても、同じく心に留めておく必要があります。

17 戦略戦術を実践で試してみる ▼ 試してPDCAを回す

攻めるという一番の戦略に加え、いくつかのオプションもしっかり準備しておくこと。その大切さについてお話ししました。

その際、事前にシミュレーションが大切であることについても触れておきました。

しかし、頭の中の想定と実戦とではどうしても違った部分が出てきます。

別の言い方をすれば、実戦の中でしか確認することのできないケースが間違いなくあるわけです。

ここでは、そのような問題意識からPDCAサイクルについてお話しします。

① P＝PLAN（計画を立てる）

オプションを含めて、戦略をしっかりと立てること。

何事もしっかりとした計画がなければ始まりません。

サッカーの練習などでもそうですが、**ゴール〔＝目標〕を明確に定めて、どのようにしてそこまでたどり着くのか。**

そうしたイメージをしっかり持っておくことが成長につながるといわれます。

シミュレーションもまた、このＰ（計画）に含まれると考えてよいでしょう。

②Ｄ＝ＤＯ（実行する）

実行することに特別な注意は必要ない。

そのように誤解されている方もいるかもしれません。

しっかりと立てた計画を、その通りに実行することは、口で言うほど簡単なことではありません。昔の夏休みの宿題などを思い出すと分かりやすいかもしれません。

計画通りに実行しなければ、問題点が見えてこないのです。

③Ｃ＝ＣＨＥＣＫ（検証する）

実行した後には振り返りが必要です。

漫然と実行するのでなく、計画通りにしっかりと実行に移してみて、うまくいかない場合には、計画自体に無理があったのか、DO（実行）の力の問題なのか、しっかりと真因を見定めることが必要不可欠です。

そうした一連の流れのことを「検証」と呼びます。

検証なくして成功はない、そう言っても言い過ぎではありません。

検証をしっかりと行うことで、問題点がはっきりと浮かび上がってきます。

ところが、意外と見落とされがちですが、**検証はうまくいかなかったときだけではなく、実はうまくいったときにも必要なのです。**

計画が良かったのか、それともパフォーマンスが最高だったのか、少しだけ厳しい見方をすれば、ただ運が良かっただけなのか、そうした検証なくして、再現性のある成功モデルは作れません。

私自身はこのC（検証）が一番大切だと思っています。

うまくいったときほど、検証することを忘れないようにしています。

④ Ａ＝ＡＣＴＩＯＮ（修正し再び実行する）

計画に無理があれば、実行可能なレベルに修正し、再び実行する。DO（実行）のレベルに問題があれば、しっかりとトレーニングを重ねる。そしてまたトライする。

修正し、再び実行することがＡの本質です。

Ｃ（検証）と同じように、うまくいったときにもＡの意識をしっかりと持つことが大切です。

たまたま運が良かっただけのモデルは明らかに再現性を欠いていて、次回は失敗に終わる可能性が非常に高くなります。

漫然と繰り返すだけではダメだということです。

ＰＤＣＡサイクルを上手に回すことで、実践の価値が何倍にも高まります。

特にうまくいっているときこそ、こうした発想が大切なのだと私は信じています。

スタートダッシュの場面では、１つの結果に対して明確な要因を特定することが難しい。

だからこそ、実際に試してみて、勝利の要因をしっかりと特定し、それを再現性の高いモデルへと昇華させていくことが大切なのです。

ぜひともＰＤＣＡサイクルのマスターを目指してください。

18 予想外の退場とＰＫがあっても動じない ▼ 想定外のことに動じない

戦略的なオプションをできるだけ多く準備しておき、不測の事態に備えることで、スタートアップの難局をしっかりと乗り切るということ。

それを目指すべきであるのは、言うまでもありません。

ここで伝えたいのは、想定外の出来事を想定することとの延長にある事柄。

つまり、**それでもなお想定外のことが起こったときに何ができるのか**ということです。

ロシアＷ杯予選リーグ初戦の日本対コロンビア戦。

開始わずか３分でＤＦが退場になり、しかもＰＫまで献上してしまったのは、コロンビアにとっては明らかに想定外の事態でした。

選手だけでなく、ベンチも動揺したのではないでしょうか。

故障明けでまだまだ本調子ではないハメス・ロドリゲス選手を早い段階から投入し、何とか挽回を試みたのだと推察しますが、残念ながら明らかに悪い方向へと（日本にとってはラッキーに）作用しました。

結果的にはトップ通過で決勝トーナメントに進出したものの、コロンビアにとっては後味の悪いゲームだったといえます。

もしも予選敗退していたら、大きな批判を浴びる原因になっていたでしょう。

ある意味では、**動揺は最大の敵**であると言ってもよいかもしれません。

スタートダッシュをかけるべき時に、緊張で体が動かない。

そんなことはまったく想定していなかったため、どうしてよいのか分からなくなって、一種のパニックのような状況に陥ってしまう。

「何が起こったのかまったく思い出せない」

試合に敗れた後に、実によく耳にする言葉です。

動揺はパフォーマンスの質を低下させるどころか、ほとんどパフォーマンスを発揮できないレベルにまで人を追い込んでしまいます。

動じないためにできること。

それはひと言で言えば、心を鍛えることです。

では、人はどうやって心を鍛えることができるのか。

それは日々の鍛錬以外にないのだと考えます。

経験は裏切らない。

他人だけでなく自分の体が裏切ることはあっても、たくさんの試合を乗り越えたという経験、そこから生まれてくる自信、そういったものは決して裏切ることがありません。

すべては基本が大切だということです。

これはビジネスでも同じです。

起業までに身に付けたビジネスの経験や、社会に出るまでに乗り越えてきたいくつもの苦境。

これらが動じない心の土台となり、不測の事態に対する備えとなります。

「ローマは一日にして成らず」ということわざがありますが、本当にその通りだと思います。

日々の経験を大切にしていきたいものです。

19 自分と味方と敵を俯瞰《ふかん》して観察する▼自社のポジションを分析する

優秀なサッカー選手であることの条件には、いくつもの要素が考えられます。

その中の1つに、ピッチの状況が俯瞰して見えていることが挙げられます。

私が尊敬する中田英寿選手は、常に視線が高い位置でキープされていて、「よく見えている」という評価を受けていました。おそらくそれは、非常に高い位置から俯瞰するように、周囲の状況が頭に入っていたのだと思います。

ここではそうした視点の大切さについてお話しします。

気が付いたら相手チームの選手に囲まれている。

パスコースが完全につぶされていて、ドリブル突破も難しい。

近くに味方の選手は見えず、ロングボールを放り込めばボールを奪われるリスクが高い。

そんな四面楚歌《しめんそか》のような状況に置かれてしまうと、どんなに技術の高い選手であっても、本領を発揮することはできません。

ピッチの状況を俯瞰できないときに、こうした状況が発生します。

そうした事態を避けるためには、どうすればよいのでしょうか。


当たり前ですが、人間は神ではないので、実際に高い位置から下界を眺めることはできません。


そこで、大切なのは想像力です。

もしも高い視点から俯瞰できたなら、ピッチの状況はどのように映るだろうか？

そのような疑問を絶えず心の中に置きながら、自分の立っている位置、味方の選手がいる場所、そして相手チームの選手の動静、それを平面図に並べてみる訓練を続けます。

そのためには観察が必要です。
先入観を交えずに、できるだけ多くの情報を正確に得ること。
つまり、俯瞰するとは観察することにほかならないわけです。

ビジネスの場面に置き換えて考えると、マーケットの中で、自社が置かれているポジションを冷静に分析することだといえます。

味方をどのように考えるかは難しいところですが、たとえば協力してくれるパートナー企業などを思い浮かべると、そうした企業がどのような位置を占めるかを正確に理解することが必要です。

さらには、競合他社がどんな具合に自社を取り囲んでいるのかを詳しくリサーチします。
そのようにして得られた情報を総合し、想像力を最大限に駆使して、1つの平面図に置き換え、一枚の絵として完成させること。
そんなイメージになるでしょうか。

観察する能力と想像力。

一見すると結び付かないように見えるこれらの能力が、**実際には相互に結び付いて機能する。**

そのことを知っておくだけでも大きなアドバンテージだといえます。

あるいは、想像力を観察したデータに変換する力と呼ぶこともできるかもしれません。

いずれにせよ、俯瞰してピッチ（マーケット）を眺められるプレーヤーが勝利に近い場所にいると言って間違いはありません。

これもまた日々の繰り返しによって獲得される力なのだと思います。

20

先制点を挙げた時こそ引き締める
▼現金が大事、売り掛けはスタートダッシュでは避ける

少し話を巻き戻します。

本章のテーマ、「攻めて攻めてまずは先制点を取る」が意図するところは、スタート

ダッシュに全力を尽くし、納得できるレベルの売り上げを確実に達成することでした。

様子見をしていては機先を制することができません。

その大切さはそのままに、ここでは別の角度からお話しします。


先制点を無事に挙げた後の対応です。

ロシアW杯の日本対ベルギー戦で、2点をリードするまでの日本は本当に理想的な戦いを繰り広げていました。

しかし、ベルギーが日本代表をはるかに上回る身長の2人の選手を投入して以降、日本の戦い方は変化に対応できず、逆転負けを喫するに至りました。

もちろん、さまざまな評価があり、そのどれもが、ある意味では1つの正解であると言って差し支えありません。

それでも私は、少なからず「夢を見てしまった」のかな、との思いを禁じ得ません。

日本代表にとって、長年の悲願だったW杯ベスト8進出を、世界の中でもトップクラスの実力を誇るベルギーを相手に達成しようとしている。

想像の域を出ませんが、こんな状況を目の前にして、選手は半信半疑だったのではないか、厳しい言い方をすれば、少しだけ浮足立ってしまったのではないかと思っています。

メンタルのありようは、結果に大きな影響を与えたと言って間違いないでしょう。

ビジネスでの先制点。つまり、スタートダッシュに成功し、満足できる売り上げを確保できた場合を仮定します。

あなたの手元には一定の現金が残っていますから、さらにビジネスを拡大するために、現金は新たな投資に充当し、売り掛けでの取引を始めよう。

そのように考えたとしても不思議はありません。

ですが、**落とし穴は意外とそのような場所に掘られています**。

売り掛けによる取引は確かに便利ですし、商売の可能性も確実に広がるでしょう。

しかし、そうした便利さや可能性が広がる分だけ、リスクもまた増えることを、しっかりと覚えておく必要があります。

スタートダッシュに成功したといっても、足元はまだまだ不安定です。

そんなときに未回収などが発生すると、目も当てられない結果が待っています。気を引き締めるとは、リスクに敏感になることと同じ意味です。そのため、うまくいったときこそ気を引き締めて、現金商売の手堅さを大切にすることが必要です。

21 勝ちが見えたときだけ集中攻撃する ▼ 広告に関するマインド

相手の弱点を分析し、そこを攻めどころと心得ることの大切さは、すでにお伝えしました。

攻めどころは時間によって変化する場合もあるため、戦況をしっかり見極めて、攻め込むべき瞬間を見定める必要があります。

サッカーの試合時間90分を通して、ずっと同じコンディションで試合に臨むことが理想ですが、人間なかなかそうはいきません。

また、個々のプレーヤーの気持ちとは直接結び付かない形で、試合には独自の流れが存在しています。

試合は生き物、と言ってもよいかもしれません。

そのような流れを前提とした場合、どうしても時間帯によって試合展開に濃淡が生じます。

ここでお伝えしたいのは、そうした濃淡の上手な使い方です。

90分間フルに全力を尽くすことは難しいため、タイミングをうかがう時間帯と、一気に攻め込む時間帯とを使い分けなければなりません。

それがうまくできれば、勝利はさらに確実なものとなります。

他方、流れの見極めに失敗すれば、2点差を簡単にひっくり返されるといった事態が簡単に起こってしまいます。

ビジネスでもそれは同じことです。

ビジネスチャンスを拡大するツールとしての広告。

しかし、限られた資金の中で、ふんだんにお金をつぎ込むことはできません。

特にスタートダッシュの時期にあっては、宣伝に使えるお金はとても限られていると考えるほうが、はるかに自然だと言ってよいでしょう。

そのために「攻めどころ」の見極めが必要になります。

正しい見極めができないと、せっかくのビジネスも台無しになりかねません。

- 誰に、何を、どのように売りたいのか。
- それをどのようなタイミングで伝えるのか。
- どのような場所で、どんな気分の時に、自分の広告を目にしてほしいのか。

これらのポイントを繰り返し吟味し（＝シミュレーション）、今のビジネス状況を冷静に分析し（＝俯瞰する）、適切な広告のタイミングを判断すること。

そして、やると決めたら全力で集中攻撃をかけること。

それが広告に必要なマインドです。

コラム③

夢を見る角度

「夢を見る角度」って何のことだろう？

タイトルを見てそう思った方も多いかもしれません。

もちろん、寝相とか、枕の形をイメージしているわけではありません。

私なりに、とても真面目に、夢を見る角度の大切さを考えています。

どうして角度が大切なのか？　どんな角度が問題になるのか？


私たちにはそれぞれ、独自の物の見方があります。

それは価値観と呼ばれたり、時には先入観と呼ばれたりすることもあります。

価値観とはおおむねポジティブな文脈で使われますが、先入観はややネガティブに響きます。

「物の見方」＝「物を見る角度」

自分ではフラットでいるつもりでも、常にわずかに傾いているという自覚が大切です。
仮に夢が困難に見えたとき、実現が難しいと感じられるとき、どのように振る舞うか？
自分の見方に角度がついていると分かれば、修正することに思いが及びます。
ほんの少しだけ角度を変えることで、見える景色が大きく変化する場合があります。

その時、あなた自身の夢がどのように見えるのか？

コラム②で書いた私自身のつらい体験。
あのままの角度で人生を眺めていたら、今の自分はここにいないと断言できます。
先入観を捨てて、自分の夢をできるだけ真っすぐに見つめること。
それを何度も繰り返し続けること。
そうすることで、私の夢には大きく視界が開けてきました。
だからほんの少しだけ、あなたも夢を見る角度を変えてみてはいかがでしょうか？

第４章

勝てる相手と勝負する――オンライン

【サッカー式集客編】

22 練習試合で戦う相手を見極める▼見込み客を見つける

真剣勝負としての仕事の取引、それはまさにピッチの中（＝オンライン）での戦いです。そうしたオンラインの戦いで、「勝てる相手と勝負することの大切さ」について、ここでは一歩踏み込んで見ていきましょう。実際に勝つために必要な要素があります。

まずは相手を探すところから。

サッカーでは、W杯前の練習試合でどういった相手と戦うか。それがとても重要だといわれています。ですから、予選リーグで対戦する各チームとできるだけ特徴が似ていて、かつ、勝てる可能性が高い相手を慎重に選ぶのです。

いくら特徴を知ることができても、負ければ自信を喪失します。

自信を失い不安になると、本来のパフォーマンスが発揮できなくなります。

だからこそ、勝てる相手を選ぶことが大切なわけです。

ロシアW杯の日本代表も、本番直前の勝利がチームをとても活気づけました。


これをビジネスに置き換えるとどうなるか。

勝てる相手とは、あなたの商品やサービスに興味を持ってくれる人のことです。

その相手に実際に勝つとは、興味を持ってくれた人に、商品やサービスを気に入ってもらい、実際に購入してもらうことです。

つまり、**「セールスする相手」すなわち「見込み客」を見つけることが**できれば、最初の一歩は踏み出せたも同然です。

SNSでのコミュニケーションやさまざまな交流の場を通じて、いわばあなたの潜在的顧客を発見し、見つけたら何があっても逃さないこと。

まずはそれを心に留めておいてください。

23 マークすべき相手の弱点を攻める方法▼相手の悩みを知る

潜在的顧客を発見した後は、潜在的顧客について考え、分析します。

あなたが出会ったのは、あくまでも潜在的な（＝勝てる可能性がある）顧客であって、まだ本当に買ってくれる（＝絶対に勝てる）と決まったわけではありません。

ここでは、実際の購入へと結び付けるために何が必要なのかをお話しします。

勝てる可能性が高い相手だからといって、何もせずに試合に臨むことはありません。

相手チームの情報をできるだけ多く、かつ正確に収集し、プレーの特徴を判断し、それに見合った戦略をしっかりと立てること。

そして、プランニングにあたっては弱点を発見し、攻めどころを見つけることがポイントだということは、すでにご説明しました。

だからこそ、ロシアW杯のベルギーは日本代表戦で、高さがない日本相手に長身の選手を送り込んだのです。

敵ながら見事な戦略を駆使したベルギー代表。この活躍の理由が、そうした点にも見て取れます。

これを個人レベルに落とし込んでみても、同じことがいえます。

たとえば、スピードに欠ける相手DFに対して、DFを追い越す飛び出しを活用して攻め込むといった戦略を立てる。

そうしたことの繰り返しが、勝利をぐっと引き寄せることになります。

これを「ビジネスの相手（潜在的顧客）」に当てはめるとどうなるか。

潜在的顧客があなたの商品やサービスに興味を持ったことは、本人が自覚していない場合も含めて、そこには必ず何かの理由があります。

その理由、つまり弱点を発見することができれば、効果的な戦略を立てることができます。

弱点を「悩み」という言葉に置き換えることもできます。

潜在的顧客が何に悩んでいるのか、それをどうやって解消したいと思っているのか。そんな悩みに対してあなたの商品やサービスがどのように貢献できるのか。

この答えが見つかれば、効果的な戦略を立てることができ、商品やサービスを購入しようという意欲を喚起することができます。つまりそれは、戦う前から試合で勝つことが分かっている状態といえます。


答えは潜在的顧客をよく知ることによって見つかります。


言い換えれば、潜在的顧客をよく知らなければ、いつまでたっても答えは見つかりません。

相手の悩みに興味を持ち、共感し、解決したいと願うこと。

それが潜在的顧客を、実際の購入客へと格上げする一番の近道なのです。

24

「運ぶドリブル」は全体を忘れない
▼大局を見てセールスのタイミングを図る

潜在的顧客の今日の理由を知り、具体的な戦略を立てることの大切さは、今見てきた通りです。

ここからはさらに踏み込んで、そうした戦略を具体的に考えていきます。

サッカーをベースに、いくつかのパターンを仮説として提示しながら、場面別に有効な戦略を見ていきたいと思います。

サッカーで勝利を手にするために必要なのは、全員が力を合わせることです。

それにはプロもアマも区別がありません。

絶対的エースの存在とチームの勝利が必ずしも直結しないのは、先のロシアW杯でアルゼンチンやブラジル、ポルトガルといった強豪チームが教えてくれた通りです。

それでも、レベルの高い個人技は多くのファンを引きつけます。

それを勝利と結び付けるために必要なのは何なのか。

一言で言えば、それは適切な判断能力、つまり「大局観」だと私は考えています。


ロシアW杯で個人技の高さに感動した選手の1人に、ベルギーのアザール選手がいます。

カウンター攻撃の起点として高速かつ正確なドリブル（**運ぶドリブル**）で相手DFを翻弄《ほんろう》する姿は、見ていて心打たれるものがありました。

メッシ選手やロナウド選手に注目が集まりがちですが、本当に素晴らしい選手だと私は思います。

そうした感動の根底には、**チームの戦術を理解し、状況に応じた適切な判断ができる（＝マッチングの高さ）**、**つまり「大局観」がある**と言ってよいでしょう。

全体のことを常に考えているからこそ、プレーが輝きを増すわけです。


潜在的顧客にセールスを行うにも、タイミングが大切です。

仮に善意であっても、押し売りは相手の拒否反応を招くだけだからです。

アザール選手のように「運ぶドリブル」も、大局観をなくしてただ突っこむだけでは、効果も評価も得ることができません。それをセールスに置き換えると、むやみに売り込むことはマイナスの結果に終わるということです。

逆に、チームの戦略とぴったり重なれば（＝相手の求めるタイミングとぴったり合えば）、セールスの効果は何倍にも何十倍にもなって返ってくるでしょう。

相手の状況をよく観察し、適切なタイミングでセールスを行うこと。

やはり相手を知ることに答えのヒントがあるのだと言えます。

25

絶妙なタイミングで絶妙な場所にパスする

▼適切なタイミングでチラシをまく

相手を知り、適切なタイミングでセールスを行うということを、ここでは少し違う角度からお話しします。

それは「運ぶドリブル」と「パス」の違いに例えることができます。

どちらも攻撃の手段としてはとても効果的なものです。

スルーパスの醍醐味《だいごみ》。

ロシアW杯でも、柴崎岳選手の効果的なパスが何度も敵陣を切り裂きました。

私が尊敬する中田英寿選手の強みもまた、相手を切り裂くスルーパスにありました。

ボールを出す場所、コントロールされたスピード、相手との駆け引き。

それらがすべてうまくいった時、パスがゴールの扉を開く魔法の鍵となります。


そんな魔法の鍵を手にするために必要なこととは、グラウンド全体を俯瞰《ふかん》することのできる高い視点です。

それは、相手だけでなく、味方選手の位置をも正確に把握し、次の展開を瞬時に予測すること。今はまだ適切な場所ではなくても、ほんの数秒後に適切になるはずの場所。

そんな場所こそが「絶妙」という形容詞にふさわしい場所です。

そして、そのようにして見つけられたほんの数秒先が、絶妙なタイミングに当たります。

ビジネスにおいては、チラシがパスに当たると私は考えています。

少し先のニーズを予測して、準備し、購入を決定付けるようにチラシを投入すること。

あまり狭過ぎる視野も、今だけに対するこだわりも、どちらも顧客のニーズにとって、訴えかけるところは少ないと言ってよいでしょう。

マーケットの状況を俯瞰して作られたチラシ。

それこそが、潜在的顧客の躊躇《ちゅうちょ》を切り裂くスルーパスになります。

また、**絶妙なパスは、受け手のことをよく考えたパスでもあります。**

時々、ＦＷが絶対に追い付けないようなパスを出して平然としている選手を目にしますが、あれはパスの意味を勘違いしているとしか思えません。

敵の力量はもちろんですが、味方の力量、特にパスの受け手の力量についてもしっかり把握し、「優しい」パスを心掛けること。パスの受け手が潜在的顧客であることは分かります。そうした点を心に留めて、あなた自身のキラーパス（**切れ味が鋭くて正確なスルーパス**）を研ぎ澄ませてください。

26 ロングパスは全体を押し上げる ▼ 継続的な読者を潜在的顧客に変える

攻め込む手段としての「運ぶドリブル」と「絶妙なパス」。

その大切さや意味をお話ししてきましたが、すべてのケースで、そうした武器が使えるわけではありません。

相手と実力が拮抗《きっこう》し、あるいは、相手守備陣の献身的なプレーによって、中盤から前線が膠着《こうちゃく》状態になることは、決して珍しいことではないからです。

ここでは、そんなときにどうするかについてお話しします。

自陣でボールを奪い、前線に残ったエースへ一気に長い縦パスをつなぐ。

ベルギーDF陣から前線にそびえ立つルカク選手へのパスをイメージすることができます。

膠着状態を一気に打破する力を秘めたロングパス。

それもまた、サッカーの醍醐味《だいごみ》の1つです。

ロングパスばかりの試合は飽きてしまいますが、その使い方によっては、勝利への有効な武器に転化させることも十分にできるわけです。

たとえば、ロングパスがゴールには結び付かなくても、ゴールを奪われるかもしれないという危機感を相手に与えることができます。

また、攻めに夢中になり過ぎて、ロングパスで背後を襲われて失点するリスクを相手チームに意識させることもできます。

ロングパスにはそうした力も備わっています。

そうやって自軍の位置を全体的に押し上げ、膠着状態を打破していくのです。

前回の（2014年）ブラジルW杯で、ドイツは圧倒的な強さを見せて優勝しましたが、前線へ送られる長いパスの威力が、とても印象的だったのを記憶しています。

そんなロングパスをビジネスに置き換えると何になるのか。

少しずつ、マーケットでのあなたの位置を押し上げていくための武器となるもの。**それはメールマガジン（メルマガ）やニュースレターなどの継続的な情報発信です。**すぐに購入へと結び付ける力はないかもしれませんが、「継続的に読んでくれる読者（潜在的顧客）」は、あなたの商品やサービスへの興味や関心を、確実に高めていくことになります。

とはいえ、メルマガだけに頼っているのでは点は奪え（＝ビジネスで成功し）ません。

そこで、**「運ぶドリブル」としての大局観や、「パス」としてのチラシと組み合わせ、それぞれを適切に使う**ことで、実際の購入へとつなげることができます。

できるだけ多くの武器を身に付けておくことが大切です。

27 「抜き去るドリブル」は相手の心理を読む ▼ お客さまの心理を読む

「運ぶドリブル」やパスを駆使し、時にはロングパスも交えながら、ゴールに向かって位置を上げていく。

やがて中盤を制し、キラーパスがゴール前を脅かし始め、試合の流れは確実にこちら側にある。

それなのに、最後の一歩が詰め切れない。

ペナルティーエリアの手前から、**最後の一線を踏み越えるための武器とは何か。**

ここでは、そんな武器についてお話しします。

残念ながら早くに姿を消してしまいましたが、ロシアW杯においても、メッシ選手の存在感は、やはり並外れたものがありました。

ゴールに近い位置でパスを受けた瞬間の、胸をドキドキさせるプレー。

3人くらいなら、いとも簡単にドリブルで抜き去ってしまう。

「抜き去るドリブル」の醸し出す独特の雰囲気が、私はとても好きです。

そんな「抜き去るドリブル」を可能にするもの。

それは、相手の心理をしっかりと読むこと。そして、ゴール前という緊張状態の中で、相手との心理戦に勝つことのできる力です。

技術がなければ相手を抜き去ることはできませんが、技術があっても心理が読めなければ相手を抜き去ることはできません。

相手DFの速度やコース、目線などから次の動きを予測した上でプレーすることが必要です。

たとえば、ボールを転がすスピードにメリハリをつける。

相手を抜き去る際に、左、右、股下、時には頭の上、あらゆるオプションを思い浮かべる。

フェイントを駆使して相手の動きをもコントロールする。

特に、ゴール前ではこのような心理戦が求められます。

「抜き去るドリブル」の得意な選手は、単にスピードがあるとか、優れたテクニックを持っているというだけではなく、高い戦術眼の持ち主でもあることがここでは重要です。

これをビジネスに置き換えて考えてみます。

さまざまな武器を駆使した結果、潜在的顧客は、あなたの商品やサービスに対して、非常に高い関心を持つに至りました。

残っているのは最後の一歩です。

相手の心のペナルティーエリアに踏み込み、効果的なドリブルでゴール前の敵を抜き去る。

つまり、**相手の心理をしっかりと読み、躊躇《ちゅうちょ》する心を払拭《ふっしょく》する**ことです。

そして、会話の場面では抑揚をコントロールし、いくつかのオプションを用意し、時には一歩引いて見せるなどといったフェイントを使うことです。

何度もお話ししてきた通り、ベースにあるのは知ることへの強い関心です。

「リターン・ベーシック」はやはり普遍的な法則だと言ってよいでしょう。

28 シュートはゴールへのパス▼クロージングの心構え

いよいよゴール前へとたどり着きました。あとはゴールネットが揺れるのを待つだけです。

しかし、実際にボールがゴールラインを越えなければ、得点は生まれませんし、あなたは勝利を手にすることもできません。

確実に勝利するために必要なことについて、お話しします。

日本人はゴール前に弱い。

良いＦＷには相手を押しのけてでも点を取る貪欲さが必要だ。

「おもてなし」の国・日本のサッカーの弱点について、このようなことが実に頻繁に言われます。

残念ながら、一面ではそれは真実です。

子どもの頃から「個」よりも「集団」を重んじる雰囲気の中で育ってきた私たちには、どうしても他人を押しのけることに対して抵抗があるからです。

いつか時代は変わるのかもしれませんが、当面はこの状態が続くのではないでしょうか。


メッシ選手やネイマール選手、クリスティアーノ・ロナウド選手。

彼ら以外にも、海外にはものすごく「とがった」FWがたくさんいます。

シュートを外しても落ち込むどころか平然としている。

そんなメンタルの強さも、日本人にはない強さの1つかもしれません。

私たちはミスした自分を少なからず責めます。

ボールをつないでくれたチームメートへの申し訳ない気持ちがそうさせます。

しかしこれは、ビジネスを念頭に置いたとき、必ずしも悪いことではありません。

私自身は、シュートをゴールへのパスだと考えるようにしています。

もちろん、ビジネスの場面をイメージしてのことです。

サッカーのことだけを考えれば、火の出るようなシュートを放って、ネットを破ってしまうようなゴールを決めることは、素敵なことだと言ってよいでしょう。

しかし、ビジネスには相手がいます。

ビジネスにおいてクロージングをする際に、**顧客を受け手として考えた「優しい」パスが必要**です。

顧客との関係は1回のビジネスだけで終わるわけではありませんし、取引関係がずっと続くよう、さまざまな配慮が必要となります。

買わせて終わり、というのが最もいけないパターンです。

だからこそ、最後の一手も強烈なシュートではなく、パスとしてビジネスをスタートさせること。

それは日本人であるからこその強みといえます。

コラム④

夢は押し付けない

「結婚してください！」

街中で知らない人から、いきなりこんなことを言われたらどうしますか？

幸いなことに、私はそんな目に遭ったことはありませんが、たぶん驚いて嫌悪感を抱くと思います。

私だけではなく、多くの人がそう感じると思います。

たとえ、その相手がどんなに魅力的だったとしても。

こうしたビジネスをしていると、多くの方とつながる機会があります。

直接お会いしたことのない方とも、ＳＮＳなどを通じて関係が生まれます。

それは必ずしも悪いことではなく、基本的には歓迎すべきことだと思っています。

しかし、時としてとてもぶしつけなコンタクトに遭遇します。

「結婚してください！」と街中でいきなり知らない人に言われるようなコンタク

トのことです。

そうしたコンタクトをしてくる人には、ビジネスがうまくいっていない人が多いと感じます。

その方にとっては、「つながる」＝「仕事の宣伝」という認識なのかもしれません。おそらく、私自身がどういう人間かなんてあまり気にしてもいないし、確認してもいないのでしょう。

契約を取るために、大変なのだろうなとは思いますが、そうした宣伝コンタクトはあまり良い気分がしません。


ビジネスは押し付けないものだと信じています。

困っている方がいれば、それを解決するお手伝いをし、信頼を積み重ねていくこと。そうすることでしか、真のビジネスは生まれません。

あるいは、信頼関係がきちんとできれば、ビジネスはいくらでも生まれてきます。

押し付けで実現した夢なんて、気持ちが良いと思いますか？

第5章

相手を誘い込んでボールを取る――オフライン

【サッカー式お客さまとのコミュニケーション編】

29 チームメートの意見を受け止める▼見込み客に共感する

本章では、狭い意味での取引の場面からは一歩離れて、お客さまとのコミュニケーションに関わるいくつかの問題について見ていきます。

取引の場面が「オンライン」だとすれば、いわばコミュニケーションは「オフライン」になります。いったんピッチの真剣勝負からは離れて、お客さまの思いに触れる場所のことをいいます。

そこでまず取り上げるべきなのは、「共感」の問題です。

現代は共感が重視される時代だといわれ、共感する、傾聴する、寄り添う、そんな言葉に至るところで出合う毎日です。

多くの書籍が「共感力」の必要性に触れてもいます。

昔ほど社会の中での個人のつながりが強くはなくなった今、ＳＮＳなどのツールは手にしていても、私たちはどこかで、孤独な日々を過ごしているのかもしれません。

そんな時代にあって、ビジネスにも潜在的顧客への共感が求められています。

それは、ある意味では、必然的なことなのかもしれません。


共感力とは、相手が口にしたことを、相手の思いを、正しく理解することだと考えられます。

そのこと自体は間違いではありません。

しかし、それはどちらかといえば、２番目のステップと考えるのが適切です。

それよりも先に必要なこと。つまり、**共感力の１番目のステップとは、相手の思いを受け止めること**にほかなりません。

たとえば、サッカーの試合後のミーティングで、あなたがゴール前で出したパスに対して「あの場面ではシュートがベストだろ？」とチームメートが語ったとします。

あなたは「でも……」と反論したくなるでしょうが、そこで一歩踏みとどまることが大切です。一呼吸置いてから、「そうかな？」と理由を尋ねることが、１番目のステップとして必要なことです。

たとえば、仕事仲間に「つらいんです」と言われたら、つい「分かります」と答えたくなります。

しかし、そこに間違いが生まれます。

この場合に適切なのは、「それはなぜですか？」と聞き返すことです。

相手からすれば、自分の気持ちを、そんな簡単に「分かった」と言ってほしくはない。

まずは「つらい」と感じている事実をありのままに受け止めてほしい、と思うはずです。

相手の思いをしっかりと受け止めること。

それができて初めて、相手はあなたにより深い本音を話すことができ、そうすることでやっと、「分かります」が現実的な言葉となって相手の心に響きます。

大切なのは信頼感です。

人は、自分のことを理解してくれる人から、商品サービスを購入します。

30 相手も仲間として捉える▼お客さまの信頼を獲得する思考法

信頼感、あるいは、信頼関係の大切さについて、前章で日本人のチームメートに対する思いを例に挙げてお話ししました。

強い信頼関係があるからこその申し訳ないという思い。

ロシアW杯での日本代表が試合前の低評価を覆し、見事決勝トーナメント進出を果たした背景には、チームメートや監督、スタッフとの間に強い信頼関係があった。

そのことは、長友佑都選手などが何度もインタビューで発言していました。

サッカーに限らずスポーツでは、試合後には相手と健闘をたたえ合うのが一般的です。勝ち負けの喜びや悔しさとは別の場所で、勝つという目的に向かって、死力を尽くした者同士が、お互いの努力に対して敬意を払うのはとても自然なことです。

相手を敵ではなく、むしろ仲間だと思って包み込むような視点。

試合後のユニホーム交換の場面に感じる、応援していて良かったなと心から感じる雰囲気。

そうした思いのベースにあるものは、まさに信頼感なのだといえるでしょう。

ビジネスにおいては、お客さまを仲間として包み込むこと。

それが信頼を得るために大切な発想です。

包み込むためにはまず、お客さまに近づくことが必要です。

警戒されることなく、道を閉ざされることなく、お客さまに仲間として認めてもらうための接近。

それを可能にする要素は「**リターン・ベーシック**」（**基本に立ち返ること**）なのだと考えます。

●リターン・ベーシックの具体的行動

基本に立ち返るための具体的な行動を次のように整理することができます。

- 相手のことを知りたいという感情。
- 共に通じ合っている感覚（共感）。
- そこに至るために必要な、あなた自身の中のお客さまへの強い関心。
- 共に通じ合いたいと強く願う気持ち。
- 待っているのではなく自分から始めること、踏み出すこと。

これらの気持ちなくして、信頼関係を築くことは難しく、さらに正確に言えば、信頼関係を築くためのスタートラインに立つことが難しいのです。

31 チームメートの役に立つことをとことんする

▼お客さまとの信頼関係を構築

待っているのではなく、自分から踏み出すこと。それが信頼関係のスタートラインです。

しかし、日本人には「自分から一歩を踏み出すことができない」という、あまり良くない意味での奥ゆかしさがあります。

たとえば、電車やバスで高齢者に席を譲る際の躊躇《ちゅうちょ》のように。

もちろん、私自身にも思い当たるところがたくさんありますし、分かっていることと、実際にそれができることとは、明らかに違うということも日々実感しています。

だからこそ、**思いと行動のギャップを埋めることが必要**なのです。

恥ずかしい、カッコつけていると思われたくない、周りからはみ出したくない。

そんな気持ちになるのは仕方ないことかもしれません。

少しだけうがった見方をすれば、自分は相手のために手助けをしたけれど、相手は自分のためには何もしてくれなかった、そんな気持ちにだけは絶対になりたくない。そうしたケースも十分にあり得ることです。

どちらかが妥協できないまま争い続け、そして悲劇的な結末を迎える。

そのことをチキンゲームと呼びます。

チキンゲームの先には1人の勝者もいない、そのことだけは断言できます。

妥協ではなく、相手のために一歩を踏み出すこと。

心理学者のアルフレッド・アドラーは、**相手がどう思うかにかかわらず、相手のためになる行動を積極的に取るべき**だといいます。

そして、そうした相手を思う気持ちのことを「共同体感覚」と呼んでいます。

自分は相手の気持ちを決めることはできない。

相手が自分をどう思うか（自分のために何かしてくれるか）は、どこまでも相手の問題であって、考えても仕方ないことだとアドラーはいいます。

コントロールできるのは自分自身の気持ちだけ。

だからこそ、踏み出す一歩の勇気によって自分自身に後悔を残さないこと。

それをビジネスに置き換えてみると、「購入するかどうかはすべて、お客さま自身が決めることであってあなたの問題ではない」ということになります。

ベストを尽くしたところで、本当に買ってくれるかどうかは分かりません。

それでも、お客さまのためにできることをとことんやり尽くす。

買ってくれるかどうか、そうした目先の結果にとらわれず、ただお客さまのためだけを思いやって、**今の自分ができるベストを十分に尽くす**。

まるで大好きなサッカーの試合のように、仲間のために全力でプレーする。

きれいごとに聞こえるかもしれませんが、それが真実だと私は確信しています。

32

中盤でのドリブルはボールを失わないように運ぶ

▼お客さまとの距離を縮める

信頼関係を構築するために、できるだけお客さまに近づくこと。

その大切さは、すでにお話ししてきた通りです。

サッカーでいえば、中盤でボールを失わないように、うまく前線付近までドリブルで運んでいくこと。

そのことを、お客さまとの距離の取り方になぞらえているわけです。

お客さまとの距離が縮まり、信頼関係が構築できた状態。つまり、「ラポール形成」。

ラポールとは、フランス語で「橋をかける」という意味で、人と人とが親密な信頼関係を築き上げ、心の通い合った状態にあることを表す心理学用語です。

ここでは「お客さまとの距離を縮める（ラポールを形成する）」と解釈して、そのために必要な手法を見ていきます。

●ラポール形成に必要な3つのこと

①相手の尊重

すべての基本にあるのは相手を尊重することです。これがなければラポール形成は不可能だと言っても過言ではありません。**相手が生きてきた歴史、獲得した知識や経験、それによって形成された世界観を、不純な先入観を交えずに、ありのままの形で尊重する（受け入れる）こと。**

実現に必要なのは知りたい（共感したい）という強い思いと傾聴の姿勢です。傾聴によって「相手があなたにとって大切な人である」ことを示すのが、ラポール形成のスタートなのだと理解してください。

② **類似性の法則**

人は自分と似た人に安心感や好感を抱くことが多い。これも心理学的に正しいといわれていることの1つです。同じサッカーチームを応援している、同じ県の出身である、同じ映画を見たことがある、そうした**共通点**（**類似性**）**が重なっていくと、相手との間に信頼関係が生まれてくる**わけです。

傾聴を通じて相手の世界観を尊重し、理解し、その中に自分との共通点を発見すること。さらには、共通点を相手に開示し、自分も似た人間なのだと理解してもらうこと。それが類似性の法則を踏まえたアプローチということになります。

③ **リーディングとペーシング**

簡単にいうと、相手の理解の歩調にうまく合わせましょう、ということです。

あなたが尊重し、理解し、信頼関係を築こうとしている相手が、あなたと同じスピードで、あなたのことを理解してくれるわけではありません。相手には相手のペースがありますので、無理に急がせることは不安を招く結果となります。

相手のペースをしっかりと読み取り（リーディング）、**それに合わせること**（ペーシング）。

まさにそのことが、ラポール形成の大切な要素なのです。

3つの要素に共通するのは、**相手に寄り添う**という姿勢です。距離は自分の都合で縮めるものではなく、相手の立場に立って縮める。サッカーでいえば、中盤のドリブルもまた、味方メンバーの動きを理解し、尊重し、無理のない形で運ぶことが安全にボールを前線へと運ぶ秘訣となります。

そこに私は、ラポール形成との共通点を感じたわけです。

33 ゴール前では常に得点を狙う
▼お客さまが必要としているのであれば売る

シュートをゴールへのパスだと考えるような、受け手のことをしっかりと考えたクロージングが、私たちのビジネスには必要だという気持ちは今も変わりありません。

しかし、お客さまが強く望んでいる場合には、すばやくゴールを決める必要があるのです。

前回2014年のブラジルW杯の準決勝。

ドイツは開催国ブラジルに7－1という信じられないスコアで圧勝しました。

大量リードされたブラジルのメンタル面での落ち込みがさらに足を止め、このようなひどい結果へとつながった、そのように見ることができるかもしれません。

それでも、私には攻め続けるドイツの姿がとても印象的でした。

決して攻撃の手を緩めない。

そこにゴールがある限り、延々と点を取り続ける。

そんな姿勢に恐怖とうらやましさが微妙に入り交じった思いを抱いたものです。

日本では、高校サッカーの予選などで似たような光景を目にします。

実力差のあるチームがぶつかったときに、大量の点差が生じることがあります。

そんな試合結果を目にするたびに、延々と攻め続け大量点を奪ったチームは、一体どんな心境でいたのだろうか、と考えます。

これは想像ですが、強気に攻め続けるドイツのような、いわゆる「波に乗る」の雰囲気ではなかったのではないかと思います。

ビジネスにおいて「波に乗る」雰囲気が生まれたとき、つまり、お客さまが望んでいるときには、躊躇するようなことがあってよいのでしょうか。

答えは圧倒的にNOです。

「シュートはゴールへのパス」という視点はキープしながらも、自分たちの商品やサービスを真剣に望んでいるお客さまを前に、売ることを躊躇する理由はありません。

そんなことをしていては、すぐにビジネスは立ち行かなくなるでしょう。

ブラジルW杯準決勝のドイツのように、可能な限りゴールネットを揺らすことが大切です。

常に嗅覚を鋭く保って、貪欲に点を取りにいき、取れるときには取る。

バランスが難しい部分がないとはいいません。

それでも、最終的には点を取らない（＝売らない）と試合に勝つ（＝売り上げを上げる」ことはできないということ。

それもまた、ビジネスの大切な基本です。

34 チャレンジを続けることで得点が生まれる
▼諦めない心でビジネスに誇りを持つ

私たち日本人が貪欲にゴールを狙うことが苦手な理由には、仲間への申し訳なさ、自分自身へのふがいなさ、次の試合で使ってもらえなくなることへの恐れ、失敗することへの恐れなどがあります。

しかし、これらの**恐れを抱きながらも「チャレンジすること」が必要**なのです。

サッカーの試合では常にチャレンジすることを意識してきました。

尊敬する中田英寿選手には遠く及ばないとしても、大きなけがをした時も諦めることなく、サッカーの可能性に賭けてきた自負があります。

どうしてそれができたのか？

もちろん、好きなことだからです。

好きなことだからこそ、絶対に諦めたくはなかった。

そしてその経験は、今の私のビジネスに間違いなく生きています。


ある商品やサービスが売れるかどうか。

シュートは打ってみないとゴールに入るかは分りません。商品サービスも、売ってみなければ売れるかどうかは分かりません。

あなたの心の中に、自分のビジネスが大好きだ、誇りを持っている、何があっても成功するんだ、そんな強い思いがあるならば、ジレンマを超えて必ず挑戦できるはずです。


時には失敗するかもしれません。

それでも、貪欲にゴールを狙った自分を全力で褒めてあげましょう。

チャレンジしなければ何も始まりません。

力強く足を振り、ボールを蹴り、ゴールネットを揺らすことだけを強く想像すること。

それが成功への第一歩だと私は信じています。

そして皆さんにも、何度でも力強く、チャレンジしてほしいと願っています。

35 データだけでなくフィールドに目を向ける

▼インターネットだけでなく実際に会うこと

ここでは、最後のポイントとして、フィールドに目を向けることの大切さについてお話しします。

実際にピッチに立つことで見えてくる風景。

そんな表現が重なるでしょうか。


世の中インターネットの時代になっています。チラシやメルマガといったツールも、今ではSNSなどを通じて行われているケースがほとんどだと思います。

あるいは、ブログを集客のツールに加える、そうした手法も十分に考えられます。

そうしたコミュニケーションを制する者がビジネスを制する。

多くの人がそう言っていますし、私自身もそれを否定するつもりはありません。


ですが、ここで私はあえてこれを否定してみたいと思います。

インターネットビジネスがメインの時代だからこそ、それ以外の差別化を考える。

確かに、画面に浮かぶ文字や画像を通じて情報を獲得することを望むお客さまも多いのが実態です。

しかし、そうしたコミュニケーションだけでは決して得ることのできない、より深いつながりを求めているお客さまは多くいると感じます。


日々、さまざまな形でお客さまと接していると、このような時代だからこそ、実際に対面して、コミュニケーションを十分に図ることによって、より正確な情報を手に入れたいという声を多く聞きます。

また、私自身も、対面のコミュニケーションから学ぶことがたくさんあります。声、身ぶりや手ぶり、表情など、実際に顔を合わせなければ分からないことばかりです。文字だけでは得られないたくさんの情報が、そうした接点の場にはあふれています。

サッカーにおいても、データは確かに大切です。

ですが、試合前の準備に当たっては、**実際に相手の練習や試合の様子を見に行き、対面することで非常に多くの情報を得ています。**

それでも、実際に戦ってみなければ分からないこともたくさんあります。

だからこそ思うのです。

ピッチに立つことで初めて見えてくる風景がある。

ぜひとも積極的に、お客さまとのリアルな接点を作ってください。

コラム⑤

夢のパス交換

突然ですが、売れる講師とそうでない講師との違いは何だと思いますか？

ひと言で言うと、「パス交換」ができるかどうかに尽きます。

売れる講師は、セミナー会場を俯瞰《ふかん》したときに「会場の後ろ（出口近く）にいるお客さま」を意識します。

一方、売れない講師は、前の席に陣取ったやる気のあるお客さまだけを相手にします。

そうすると、後ろのお客さまは取り残されて、そっと会場を後にしてしまいます。

また、前に座るのは知り合いであることが多く、ビジネスに広がりは生まれません。

お客さまの課題を解決すること。

それがビジネスの基本だと前のコラムでも書きました。

だから私は、セミナーで講師として登壇した際に、後ろのお客さまは絶対取り残さないことを心に決めています。

そのためには、お客さまに必要な質問をすることです。

しっかりとコミュニケーションを図り、課題解決の糸口を発見するのです。

もちろん、初めからうまくいったわけではありません。

私に実現したい夢があるように、お客さまにも実現したい夢があります。

それをしっかりと受け取ることが、やはりビジネスの基本なのだと実感しています。

夢の実現も、すべて基本が大切なのだということです。

第6章
試合に勝てる選手を育てる
【サッカー式人材育成編】

36 ミッション！　ビジョン！　パッション！▼サッカー式朝礼

これまではセールスの戦略を含め、お客さまとの接点を中心に見てきましたが、ここでは自社の組織や自分自身の問題解決、言い換えれば、内面的な課題についてお話しします。

先輩と後輩の関係をベースとして、後に続く人をどのように育成していくのかについて、頭を悩ませている人は多いのではないでしょうか。

そんな皆さんにお勧めしたいのが、朝礼です。

私は基本的に毎日朝礼を実施しています。**なぜなら、伝えたいことがあるから**です。

それは、大きく分けると「ミッション」「ビジョン」「パッション」の3つです。

①ミッション！

ミッションとは使命であり、どんな組織にも必要なものです。

使命は何であっても構いませんが、自分以外の誰かのために何かをする、そうした視点のないものは十分ではないと確信しています。

サッカーも同じです。

ただ勝つのではなく、応援してくれるファンや、支えてくれる家族、大切な人たちの喜びのために戦い、そして勝利を勝ち取る。

だからこそ、そうした勝利には確かな価値があるのです。

誰のために、何をしているのか、私はそれを常にメンバーと共有することにしています。

明確なミッションなくして、人は動きません。「なぜそれをやるのか」が明確であれば、人は水を得た魚のように動くのです。

②ビジョン！

ビジネスをしっかりと回すためには、ビジョンが必要です。

ビジョンとは会社や組織が進むべき方向性を明確に示したものであり、その中には、

ミッションがしっかりと反映されていなければなりません。

別の言い方をすれば、ビジョンとは進路図のようなものです。

ミッションがゴールであるとして、どうやってそのゴールへとたどり着くのか。その方法を具体的に示したものがビジョンになります。

進んでいく途中で、ビジネスの状況が変わり、進路図を書き換える必要が出てくるかもしれません。

サッカーに例えれば、前半の早い段階で味方が退場になれば、同じ勝ちを目指すにしても、当面の戦い方は、どうしてもディフェンシブなものにならざるを得ません。

サッカーでは、刻一刻と変化する戦況に柔軟に対応できたチームが勝利を手にします。

それはビジネスも同じ。だからこそ、朝礼で常にビジョンを共有する必要があるのです。

③ **パッション！**

経営者には情熱が必要です。

情熱だけでは足りませんが、情熱がない人はそれだけで経営者失格です。

何をしたいのか、どうやってしたいのか、なぜしたいのか。それらの根底には、ビジネスへの情熱があるはずです。

そうした「情熱《パッション》」をメンバーにしっかりと伝え、共有すること。言い換えれば、自分と同じ熱を持ったメンバーを1人でも多く増やし、会社や組織全体の温度を、今よりもどんどん上げていくこと。

サッカーにも情熱的なキャプテンが必要です。

ロシアW杯における日本代表の健闘には、長谷部誠選手の貢献も非常に大きかった。

そうした熱を、ぜひとも朝礼でメンバーの皆さんと共有してください。

ミッションやビジョンが生きるか死ぬかは、すべてあなたのパッションにかかっているのです。

37 選手が自立して判断できるように導く ▼ 想像力と柔軟性を磨く

自ら考え、行動し、そして結果を出す人材になること。

これは、企業の新人研修などではよくいわれることです。もちろん、口で言うほど簡単なことではありません。

それでも、ビジネスが進展し組織が大きくなっていけば、経営者がすべての問題を掌握し、すべてに答えを出すことは、どんどん難しくなっていきます。

そんなときのために、一定レベルの問題は自ら対処できる「自立している人材」を育てることが必要です。

サッカーの試合でも、予想しないことがたくさん起こります。

監督やスタッフを中心に、どれだけ綿密な作戦を立てたところで、試合中は想定外のことばかり起こります。

それはむしろ当たり前のことだといえます。

すべての事態を想定して練習することはできません。

そんな時間はありませんし、仮にどれだけたくさん事前の想定をしたところで、それでも想定外の事態が発生するのがサッカーであり、あるいは、ビジネスの現場なわけです。

そんな**想定外の事態に遭遇したときに必要となるのは、想像力です。**
たとえば、なぜこのような状況になったのか、ここでこれが来たら次は何が来るのか、
そんな状況に対してどのように対処したらよいのか。
言い換えれば、柔軟性といえるのかもしれません。
とはいえ、**柔軟性を生むものこそ想像力なのだといえます。**

練習では上手な選手が試合になると活躍できない。

それも実に頻繁に見掛ける光景です。

そうした選手には、柔軟性の前提となる想像力が足りないため、目の前の想定外の状況に対して、自立的に対応することができないといえます。

想像力を鍛える方法については、後でまた触れることにしますので、ここでは、**自立には想像力が必要**だということを心に留めておいてください。

38 選手が目指す将来像を知っておく▼日々の対話で悩みや目標を把握する

自立的な成長を促す上で必要となる想像力を向上させる前に、いくつか必要なポイントがあります。

その1つは「対話」です。

まず、その前にどのような選手になりたいのかをイメージすることが大切です。

たくさん点を取るFW（フォワード）、華麗なスルーパスが武器のMF（ミッドフィールダー）、固い壁として無双を誇るDF（ディフェンダー）、あるいは奇跡のセーブを繰り返すGK（ゴールキーパー）。

イメージは何でも構いません。

成長イメージをしっかりと持つことで練習にも目的意識が生まれ、DF志望なのにシュート練習に長い時間を割く、といった間違いが起こることを防ぎます。

明確な将来像を描くことは、成長への最初の一歩です。

人を育てる側にとって必要なこととは何か。

それは必然的に、**個々の選手が目指すべき将来像を把握する**ことです。

それによって、選手に適した育成プログラムを選択することができ、効果的かつ効率的なトレーニングができるようになります。

選手のポテンシャル（潜在的な能力）がイメージと合わない場合には、思い切ってプログラムを修正する必要があります。

自分のポテンシャルがイメージを下回っているという事実は、選手にとって、つらいことかもしれません。

しかし、その選手に合わないプログラムでトレーニングをし続けることは、選手にとっても不幸な結果を招きます。間違った方向に伸びた枝は、元に戻すことはほとんど不可能だということです。

でも、根底に選手への愛があれば大丈夫です。

第1章 第2章 第3章 第4章 第5章 第6章 第7章

選手の将来像を知るために必要なこと。

それが「対話」です。

会話とは、何げないおしゃべりまで含みますが、対話とは、明確な目的を必要とします。

ここでいう対話とは、将来像を明確に知るということです。

そうした仕組み（将来像を知るための対話）は、ビジネスの場面でもまったく同じです。

メンバーがどのような働き方をしたいのか、どういった社員になりたいのか。

そのような成長イメージを把握することは、経営者にとって欠かせない態度の1つです。

日々の対話をぜひ実践してください。

39 チーム内で上下ペアを作る ▼ メンター・メンティー制度

自立型人材へと成長してもらうことは、確かにゴールの1つです。

だからといって、いきなり野に放ったのでは成長は見込めません。

ウサギの子をライオンのいる野に放ったときに、一体どのようなことが起こるのかを想像すること。

そうすれば、寄り添う仕組みの大切さが思い浮かびます。

ライオンに捕まらない方法を指南する人の存在が、誰にとっても必要だということです。


だからといって、手取り足取り教えることは好ましくありません。

目的はあくまでも自立してもらうこと。

自分で考え、行動し、そして結果を出すメンバーへと成長してもらうことにあります。

ライオンの場合は別として、少なくともサッカーについていえば、ピッチの中まで付いていって、隣でアドバイスを送り続けることは不可能です。

そのために必要な方法とは何か。


それは、メンター・メンティーの仕組みです。

メンターとは、「指導者」「助言者」を意味する言葉で、若手社員の育成のために精神的なサポートを行う先輩社員のことをいいます。

メンティーとは、サポートを受ける新人社員、若手社員のことです。

理想のメンターは積極的に教えることをしません。

まずはメンティー自身に考えてもらい、そこで出てきた疑問や悩みをメンターが対話の中で相談という形で受け取り、どうやって対処していくかを一**緒に考えていく**のです。

考えた結果を行動に移すのは、メンティー自身の次の課題になります。

そうした関係性を繰り返し、少しずつ自分で考え、行動に移すエリアを広げていくこと。

この仕組みのコアはそういった点にあります。

組織の仕事はチームで行うのがほとんどだと思います。

個々のチームの中に、メンター・メンティーの仕組みを取り入れること。

そして、良き先輩を後輩のメンターとして選び、後輩（メンティー）がまずは自分で考えられるような仕組みを作り上げること。

そうやって良質なサイクルができれば、成長は加速します。

その先輩もまた、同じ仕組みの中で成長してきた人かもしれません。

もっというと、メンティーだけでなく、メンターの側も自信をつけ、さらに成長することになります。

それが組織全体の実力を押し上げてくれることになります。

40 常に試合と同じ状況下に置く ▼ 具体的な商談をイメージして行動する

先ほどは自立型人材には想像力が必要であるということを強調しましたが、ここでは想像力を鍛える方法とは何かを考えていきます。

想像力はセンスであって、天性のものなのではないか？

だとすると、天性のものを、どうやったら鍛えることができるのか？

もしかしたら、そんな疑問を抱かれる方もいるかもしれません。

確かに、想像力には天性の側面もあります。しかし、最初から持っていない人であっても、**トレーニングを積むことによって、そうした天性を獲得することも十分に可能です。**

サッカーで成功している選手が、最初から皆優れていたわけではありません。

3回のW杯で日本をけん引し続けた本田圭佑選手。

今でこそ日本のトッププレーヤーの1人に挙げられますが、まだ若かったアマチュア時代において、常にスポットライトを浴び続けていたわけではありません。

中学時代、本田選手はガンバ大阪のジュニアユースに所属していました。

しかし、家長昭博選手や安田理大《みちひろ》選手といったライバルに比べて、特にスピードの点で見劣りがしたため、上のクラスに進むことができず、石川県の星稜高校へ進学することになりました。

こうした経験がバネになって、今の本田選手があるわけです。

本田選手の発言に次のようなものがあります。

「才能とは生まれ持ったものではなく、環境によって磨き上げられるもの」

実際に努力し、夢を実現した人の言葉だけに、非常に説得力があります。

才能を開花させる機会をできるだけ多くの子どもたちへ提供するために、本田選手は数多くのサッカースクールを経営してもいます。

明確なミッションを持った経営者としての姿。

もちろん、そこにはビジョンもパッションも十分に見て取ることができます。

私もとても尊敬しています。サッカー選手としても、経営者としても。


想像力を鍛える実際の方法は、いかに実戦と同じ環境に身を置く（置かせる）かということに尽きます。

漫然と練習するだけでは、決して実力が上がりません。

実戦の場面を想定し、たとえば、

「もし相手が仕掛けてきたら、どうやって対処するのか」

「あの選手の股下を抜くには、どんなフェイントが必要なのか」

そんな場面をリアルに想像しながら練習すること。

そうした練習の積み重ねが、想像力の強化につながります。

ビジネスにおいても同じです。

常にメンバーを実際のビジネスの場面に近い場所に置くこと。

相談の場面であっても、常にリアルを意識させること。

日々の積み重ねは決して裏切ることがありません、本田圭佑選手のように。

41 毎日ボールを蹴りたくなる環境を作る▼苦しみを上回る喜びを与える

これまで、人材育成の基本的な考え方を見てきました。

経営者としてのあなたに必要なミッション、ビジョン、パッション。

それを朝礼などの場を活用して、常にメンバーと共有し続けること。あるいは、自立型人材に向けて想像力を鍛えること。

そして、それを支える仕組みとしての将来像やメンターの存在、対話という仕組み。

しかし、これらの手法が生きるためには、一定のバックグラウンドが必要です。

ここでは環境作りの大切さについてお話しします。

子どもたちにサッカーを教えていて気付かされることは、本当にたくさんありますが、その中でも強烈に感じるのが、「**好きに勝るものはない**」ということです。

どんなに素質がある子どもでも、本当はそんなにサッカーが好きではないのに、親に強いられるなど無理に続けている場合には、その素質が開花することはありません。

反対に、最初はあまり輝かない石だった子どもが、大好きなボールを必死に蹴り続け、楽しみ続けた結果、想定外のダイヤモンドのような輝きを見せる場合があります。

何事も、喜びや楽しさがないと、続きません。


それはビジネスについても当てはまります。

「仕事に楽しみを求めるなんて……」

少し前の時代であれば、そうした考え方が強かったかもしれません。

あるいは、現在もなお絶えることがないブラック企業の問題は、仕事に喜びや楽しみを見いだすのは間違っているという、古い考え方の名残なのかもしれません。

しかし、**私の周りの活躍されている経営者の方々や、その周辺で頑張っている多くの**

方々は、ほぼ例外なく、ビジネスを楽しんでいます。

当たり前のことですが、それは環境が楽だということでは決してありません。会社を経営し、ビジネスを続けていくことには、言いようのない苦労が常に伴います。ありきたりの言い方になりますが、働いてくれているメンバーの幸せ、さらにはその家族の幸せ、そんなことを考えると、胃が痛くなることもありました。

それでも、私は今の仕事がサッカーと同じくらい大好きです。

私のビジネスによって、お客さまの喜ぶ顔を目にすることができる。

世の中の役に立っているという喜びが、苦しさを大きく上回るから続けることができる。

そうした思いを、メンバーとも共有すること。

仕事の場所が、メンバーにとって常に来て楽しい場所であること。

ビジネスの現場やそこで行動に移すことの多くが、**自分だけではなく、他の誰かの喜びや幸せと固く結び付いていること**。

そうしたバックグラウンドがしっかりと出来上がっていれば、メンバーは自然と育っていく。
そのように極論することができるかもしれません。
そのためには、あなた自身が喜びを感じていることが一番大切なのです。

コラム⑥

夢はカジュアルに

私には、コンサルタントをしている仲間が数多くいて、仲間との交流を通して、感じることがたくさんあります。

コンサルタントと受講者の関係について、一定の距離を置くべきだと考える人もいます。

それはそれで、1つの大切な考え方です。

しかし私は、そうした仲間たちとできるだけ多くの時間を過ごすことにしています。

いろいろな場所に出掛け、同じ風景を眺める。

いろいろなレストランに行き、同じものを食べる。

そうした交流の時間がもたらす、良い意味でカジュアルな空間というものが間違いなくあります。

私が大切にしたいのは、そうした時間であり、空間のことです。

そこで語られる、多くの仲間の夢の数々です。

一般にコンサルタントに対しては、「すごい」という感情で接する人が多いかもしれません。

そんな関係の中で生まれる会話について想像します。

「私のようになれば成功します！」

「でも私、先生みたいなすごい人にはなれませんから…」

これではせっかくの夢も台無しになってしまいます。

「私にもできる！」

仲間たちに心からそう思ってもらえること。

それが、コンサルタントとしての私が一番に願っていることです。

だから多くの時間を共に過ごし、カジュアルな自分の姿もありのままに見てもらうのです。

私が決して特別な人間ではないことを知ってもらうための時間が必要なのです。

つまり、カジュアルに語るからこそ実現できる夢がある、ということです。

第7章

オフもサッカーのことを考え、インプットする

【サッカー式自己鍛錬編】

42 とにかく情報を収集する ▼ 試合映像を見る

最後となるこの章では、自分自身を鍛える方法についてお話しします。

たとえば、経営者として自らをアップデートし、時代の変化に取り残されないようにすること。

それだけでなく、そうした変化を先取りできる自分であり続けること。

さらには、ビジネスで成功し続け、自由に自分のやりたいことを追求できる、そんな環境をキープするために必要なこと、などについてです。

すでに情報の収集が大切であることは強調してきましたが、それは主に相手との戦いに勝つための問題意識でした。情報の収集には、**もう1つ自分自身の内面に向けて行うものもあります。**

それは大体の場合、オフの時間の過ごし方に関係しています。

私も仕事の合間を見つけては、海外のさまざまな国を訪れ、そこでしか感じられない空気に触れるなどして、積極的に情報収集の時間を持つように努めています。

もちろん、空気に触れるといっても人それぞれ、実にさまざまな触れ方があります。

仕事のことを忘れて、頭を空っぽにする。

それが大切だと思う方もいるかもしれませんし、それも1つのオフの過ごし方です。しかし私は、オフの時間も積極的に情報を収集することに努めています。

サッカーに例えるならば、試合の映像をオフの間もずっと見続けているということです。

なぜ、オフの時間も積極的に情報の収集をしているのでしょうか？

一番には、仕事のことを考えるのが好きだからです。

日々のリアルビジネスの場面では、とにかく現実に集中しているので、未来のことを考える余裕がなかなか持てません。

しかし、現在だけにとどまっていては、やがてビジネスは枯渇してしまいます。

そのために私は、**未来に必要な要素について徹底的に考え、そのために積極的な情報収**

集を行っています。

収集すべき情報に決まりがあるわけではありません。最初から範囲を絞り込むことなく、オープンマインドで心に引っ掛かるものは何でも取り込んでいきましょう。思わぬことが後になって生きてくる。そんなことだってあるからです。

たとえば、月に1度は旅行に出掛けることもいいでしょう。普段とは違う景色を見て、違うものを食べ、違う文化を感じることで発想が豊かになります。

ですから、収集する情報の範囲を絞り込むのは、実践の場面になってからでも間に合います。

43 映像で見たプレーを練習する▼見ただけでなく実際にやってみる

収集した情報はどこへ行くのか?

頭の中にとどまったまま、いつか日の目を見る未来を待ち続けているのか？

そんな疑問に対する答えを、ここでは一緒に見ていきます。

収集した情報は、利用しなければほとんど意味がありません。頭や心のどこかに潜んだままでは、やがて劣化して価値を持たなくなるでしょう。


正しい情報の使い方とは、見ただけではなく実際にやってみる、ということに尽きます。

たとえば、サッカーで誰かの素敵なドリブル映像を目にしたとき。

頭の中で考えていても、決してドリブルが上手になることはありません。

そんなときはどうするのか？

私は楽しさと共にボールを抱えて、すぐにグラウンドへと飛び出します。そして、今しがた目にしたばかりの映像を思い浮かべ、ドリブルの練習を始めます。

何度も繰り返し、少しでも映像の鮮烈なイメージに近づくように。あるいは、自分のドリブルが少しでもうまくなるように。

そんなときには、少年時代の私がよみがえってくるようです。

それにここはオフの時間ですから、普段のビジネスの場面のような緊張感はありません。

ですから、自分を邪魔する一切のものが存在しないという純粋な気持ちで、童心に帰った気分でボールを蹴り続けることができる。

このように**それが許される時間でしかできない、楽しみ方がきっとあるはずです。**

いや、間違いなくそうした時間を手にすることが可能です。


そのために必要なことは何か？

繰り返しになりますが、ビジネスを楽しんでいることです。

日常（＝オン）の時間から、自分の好きなことを仕事とし、あるいは、自分がやっている仕事を心から好きになり、愛していること。

そうしたポジティブな思いだけが、オフの時間を幸せなものに変えてくれます。言い換えれば、オフの間も仕事について考えられるということ。

オン・オフの考えがなくなったら成功です。

つまりは、**日々アンテナがしっかりと伸びているこ**とだともいえます。

そうすれば、**手にした情報を、すぐに実践に生かしてみたいとアンテナが作動する**のです。

だからこそ、**見ただけでなく実際にやってみる。**

それが、ビジネスでの夢の実現を可能にするのだと私は信じています。

44

試合で使うための工夫を加える

▼実務で生かすためのシミュレーションをする

では実際、どのようにやってみるのがよいのか。

同じやってみるでも、そこにはオフならではの工夫があるのではないか。

どういう工夫をするかが、問題意識になります。

サッカーでは全体練習が終わった後に、個人練習の時間があります。

もっと正確に言えば、うまくなりたい人は正規の練習時間が終わった後に、自分がやりたいこと、自分に足りないと思っている技術、そうした目的のための個人練習に精を出します。

私も子どもの頃はそうした個人練習の時間が大好きでした。そこにはうまくなっているという、確かな実感があったからです。

自分の目的のために時間を使うこと。

それは子ども心にも、とても大切なことのように思われました。

そうした個人練習の時間を、オフに見立てることができます。

たとえば、昨日の夜に見たメッシ選手のドリブルでも、さっきまで隣にいた自分よりも上手なライバルのシュートでも構わない。

頭に目標を思い浮かべて、少しでもそこへ近づくためにボールを蹴り続ける。

このようなオフの過ごし方が、成長スピードに変化をつけます。

その左足でヨーロッパを震撼《しんかん》させた、ＦＫ（フリーキック）のスペシャリスト中村俊輔選手。彼がいつも最後までグラウンドに残り、ボールを蹴り続けていたことはとても有名なエピソードです。

成長スピードをさらに加速させるために必要なこととは、**漫然とやってみるのではなく、試合を想定した技術へと進化させること**です。

さらには、そのための努力をすることです。

技術が本当に真価を発揮するのは、試合の場面以外にはありません。

ですから、試合で生かすことができなければ、その技術は持っていないのとほとんど同じことになります。

実戦の空気を、張り詰めた緊張感を想像すること。

GKの動きを予測し、どんな名選手でも手の届かない隅へと確実にボールを運ぶこと。

ゴールを決めた後のチームメートの祝福、相手GKの悔しがる姿、そんなことをも想像しながら、実戦で相手を切り裂くFKの練習を繰り返すこと。

そのことによって、成長スピードは高まり、実戦で生きる本物の技術が手に入ります。

もちろん、それはビジネスでも同じことです。

思い浮かんだアイデアを、現実に徹底的に当てはめるようにシミュレーションすること。

オフの時間の緩やかな緊張感の中だからこそ許される挑戦を、何度も全力で繰り返すこと。

それが、見ただけでなく、実際にやってみる際に必要な姿勢です。

ビジネスの未来はオフにかかっている。

そう言い切っても決して言い過ぎではありません。

45 いかなるオフの時もサッカーに触れる ▼ 頭の片隅には常にビジネスを

オフにもさまざまな形があります。たとえば、1週間のまとまった休暇だけではなく、1日、ないしは半日の休暇、あるいは、商談の合間にぽっかりとできた谷間のような時間。

それもまた、1つのオフの形だと考えることができます。

私は常にサッカーにインスパイア（感化、鼓舞）されています。

そして、ビジネスについて考える際には、常にサッカーで培った経験がベースにあります。

だから、オフの時間を過ごす際には、常にどこかでサッカーに触れることのできる環境を求めて、行く場所を決めています。

海外へ行くにしても、サッカーが文化として根付いている国を訪れることにしています。

それは、人々のコミュニティー形成に大きなパワーを秘めているからです。


その際、サッカーの試合を観戦し、あるいは、地元クラブの練習拠点を訪問し、そこに暮らす人々の日常が、いかにサッカーと分かち難く結び付いているかを肌で感じるのです。

現地に行かなければ決して触れることのできない空気。

そんなもろもろが、ビジネスに関する新しいアイデアの源泉になります。

こうしたオフの過ごし方をできなくなった、ないしは、忘れてしまった時に、私のビジネスも息を止める、そんなことを思ったりもします。

常にサッカーに触れ続けることが、私のオフの鉄則なのです。

まとまった休暇ではない、スポットのような時間についても同じです。

次の商談までに時間ができたなら、競合他社がどのようなサービスを提供しているのかをひそかに観察に行ったり、書店で関連する書籍を手に取ったりしています。

何らかの方法で、ビジネスやサッカーに触れることを心掛けています。

おしゃれなカフェで緩やかな時間を過ごす。

それも確かに魅力的ではありますが、**成功のための投資の時間なのか、浪費の時間なのかを常に判断します。**

どんなことでも構いません。どんなに短い時間でも構いません。

オフの時間にも、あなたのビジネスに関連する分野、あなたの心をインスパイアしてくれるものに触れることを、心掛けてください。

オフの充実度がそのままビジネスの成否につながります。

46 練習は回数よりも難易度と目標の達成度▼常に目標を持って取り組む

おしゃれなカフェでビジネス関連の本を読む。

しかし、ただページをめくっていても、本当に必要なことは頭に入ってきません。ビジネスでの成功にとって、必要のないインプットの時間はできるだけ少ないほうが良いのです。特にそれが限られたオフの時間であれば、一瞬もムダにすることはできません。

そんなときに必要なものは何か？

それは目的意識と時間の相関関係です。

短い時間であっても、明確な目的意識と高い集中力があれば、効果は確実に表れます。

ウエートトレーニングをイメージすると分かりやすいかもしれませんが、短い時間の中で、自分に課すべき負荷（＝目標）をはっきりと定め、瞬発力の勝負を繰り返すこと。何時間続けたかではなく、決められたセット数を限られた時間の中で終わらせること。そうすることで、あなたの筋力は確実にアップするわけです。

どんなときも目標をしっかりと持って取り組むこと。オフの時間には、オフだからこそ設定することが許される目標がある。

目標を持っているのといないのとでは、効果に天と地ほどの差が出ます。筋肉が地道なトレーニングの積み重ねでしか付いていかないように。スポットのようなオフの時間だったとしても、しっかりと目標を持って、地道な取り組みを確実に積み重ねていくことで、身の入った「筋肉」を手にすることができるのです。

たとえばサッカーで自主練習の時間に、100本のFKを蹴ったとします。同じ100本のFKでも、明確な目標を持たずに蹴った場合は、ただ数をこなすだけに終始しますが、目標を持って蹴り続けた場合は、格段にFKの技術は上がります。たとえば、ゴール上方の隅の部分、どんなGKでも手の届かない絶対的なエリアにボールを届けることだけを考えて、余計なことは一切思い浮かべず、童心のまま一心不乱に蹴り続けた場合。まるで中村俊輔選手のように、です。

これはビジネスでも同じです。**ただ情報に触れ続けるのではなく、ビジネスに役立つかどうか。**何かの知識が足りないのであれば、それを埋めるために本を読む。あるいは、さまざまな情報に接する。

クリアするべき負荷を、自分の心に目標としてしっかりと課すこと。そんな思考が、あなたのオフをさらに実りあるものへと導いてくれます。

47 サッカーが自分の熱意の源だと知る ▼ 自分が求められていることは喜び

オフの時間でも明確な目標を持ち続けること。少しの時間もムダにしないために、目標によって成長を加速させること。

これらを口で言うのは簡単ですが、実行に移すのは簡単なことではありません。

しっかりとした目標を持ち続けるためには、強い気持ち（熱意）が必要です。

サッカーに対する熱意、ビジネスに対する熱意、そうした熱意が強い気持ちへと昇華し、あなたが目標を確実に実行するための確かな燃料となってくれます。


熱意には理由があります。

その理由は、人によって違っているかもしれません。しかし、そうした違いがあることに、何も問題はありません（むしろ、違っているほうが自然です）。

大切なのは、自分自身の熱意の源を知ること、もっと分かりやすく言えば、**自分が頑張れるのは、一体どうしてなのかをしっかりと考えること。**

考えなくても分かるのは、とても幸運な人たちです。


私自身、「**熱意の源**」といわれても、初めのうちはあまりピンときませんでした。

しかし今では、しっかりと考えた果てに、自分でちゃんと理解することができています。

自分が誰かの役に立っていること。

この自分という小さな存在が、他の誰かのかけがえのない人生にとって、たとえわずかであっても、間違いなく必要とされていること。

それが私にとっての喜びであり、熱意の源となっています。


中学生の時に足の大けがで、本格的にサッカーを続けることを断念した時に、自分がこれからどうやって、何のために生きていけばいいのか。目の前が真っ暗になったことを、今も鮮明に記憶しています。

最初の夢は、サッカー選手として成功し、その姿を多くの子どもたちに見てもらい、彼ら・彼女らに夢を与えることでした。

それができなくなった私は、コーチとしてサッカーを指導することを心に決め、子どもたちの未来に貢献することを自分の目標に定めました。

サッカーを通して多くの時間を過ごしてきた中で、たくさんの子どもたちが、技術だけではなく人間的にも成長し、世の中に巣立っていきました。

そんな姿を目にした経験が、私に本当の喜びとは何かを教えてくれました。

それが今のビジネスにも間違いなく生きています。

求められる喜びが熱源となって、さらに誰かの人生の役に立ちたいと願うこと。

それはこれからもずっと変わらないと確信しています。

あなたの熱源は何か。

ぜひじっくりと考え、あなたなりの答えを見つけてください。

48 プレーがうまいだけではいけない ▼ 人間として成長する

目標には2つあります。それは、小さな目標と大きな目標です。

ウエートトレーニングで何キロの重りを上げるか、それは小さな目標といえます。

他方、苦しいトレーニングを克服することで、単に筋力が付くというだけではなく、困難な経験が人間的な成長をもたらす。これは間違いなく、大きな目標だといえます。

ビジネスでの成功をどのように捉えるべきか。

私にハッキリとした答えを出すことはできません。

もしかすると、経営者としてビジネスに関わる人の数だけ、答えはあるのかもしれません。

ただ、**小さな目標だけではやがて枯渇してしまいます**。

日本ではまだあまり見られませんが、海外では多くの偉大な経営者たちが、ビジネスで得た利益を寄付などの形で社会へと積極的に還元しています。

そんな何かが必要なのではないかと、私は真剣に考えています。


私自身の大きな目標とは何か。

それはひと言で言ってしまえば、人間として成長することです。

どれだけサッカーがうまくても、プロとして成功し多くの名声を手にしたとしても、**それだけで、人生の成功が導かれるわけではありません。**

素行の問題やアルコールに溺れるなどして、消えていった有名選手も少なからずいます。

他のスポーツでも、薬物などの問題が決して消えることなく報道されます。

そうした手段で手にした栄光が、大きな目標につながるとはまったく思えません。

私自身、まだまだ成長の途上にある人間です。
ですから、どうやったら成長できるかを示すことなど到底できません。
ただ、1つだけ言えるのは、夢と目標が日々成長の糧になるということ。
オンの時もオフの時も、人生に対して真摯《しんし》な姿勢で臨むこと。
それを決して諦めないことで、常に成長し続ける人間でありたい。
これが、今の私に伝えられることです。

49 頭の中でもボールを蹴る▼遊んでいる時も仕事という感覚

最後にお伝えしたいのは、オン・オフを問わず、素の私が考えていることです。

別の言い方をすれば、一番自然なトーンで響く私自身のビジネスに対する思いともいえます。

「誰かの人生に少しでも多く貢献し、人間として成長すること」

このために私は日々を生きているわけですが、実は自分の中でも、オンとオフを分ける感覚はあまりないというのが本音です。

「人生を遊べ」がモットーの私ですが、決して遊びながら働いているわけではありません。

遊ぶ時のように、常に喜びと楽しみを持って日々の仕事に臨んでいるのです。

また、オフの時もオンの感覚を常に持ち続けること。

決して息苦しい休暇を過ごすのではなく、仕事への喜びをちゃんと抱えたままオフの時間に突入すること。

ビジネスのアンテナをしっかりと張ったまま、多くの新しい情報に触れ続けること。

遊んでいる時も仕事という感覚を持つ。

そんなことを言うと大げさに聞こえるかもしれませんが、本当にそんな感覚なのです。

その代わり、遊ぶ時はしっかりと遊びます。

突き詰めて言うと、すべてが成長の糧になる。

仕事も遊びも、真剣にやれば、人生にとってムダなことなど何ひとつない。

大きな目標を心のベースにしっかりと持ち続けること。

人生の喜びが何なのかをきちんと理解できていること。

繰り返しになりますが、本当にそのようなことを思っています。

私はサッカーから本当に多くのことを学びました。

多くの素敵な人たちに出会い、人生の喜びを教えられ、自分が生きていることの意味を、確かに感じることができるようになりました。


これからはビジネスの成功を通じて恩返しをしていきたい。

サッカー先進国のヨーロッパのように、サッカーを起点として、老若男女を問わず、地域の人々を結び付け、喜びに満ちたコミュニティーを形成し、生活の中に幸せが満ち溢れている。

そんな未来を実現したいと、心から願っています。

いや、いつか必ず実現します！

コラム⑦

夢はつながる！

皆さんは、松田直樹選手をご存知でしょうか？


ファイト溢れるDFとして、横浜マリノスや日本代表で長い間活躍しました。

その後、やや不本意な形で横浜マリノスを退団した松田選手は、当時はまだアマチュアリーグJFLに所属し、無名の小さなクラブだった松本山雅《やまが》FCに加入し、「Jリーグに入る！」という夢をサポーターに届けました。

しかし残念なことに、夢半ば、34歳の若さで急逝されました。


先日、そんな松本山雅の試合を観戦して感じたこと。

それは夢が持つパワーの強さです。

松田選手のまいた種がしっかりと根を張り、大きな木の幹を作り上げています。

サポーターだけではなく、街全体が1つになってチームを心から応援しています。

試合後の選手に対する称賛や、サポーター同士の交流も、とても温かいものでした。

夢はつながる！

松田選手の紡いだ夢は、亡くなった後も、多くの人々をしっかりと結び付けています。

そのことに私は、心から感動しました。

それが正しい夢であれば、自分以外の誰かの幸せを願うものであれば、きっと多くの人に響く。

そしてさらに多くの人へと広がり、1個の大きなうねりを形作っていく。

私には、ビジネスを通して社会に貢献するという夢があります。

サッカーが街の起点となって多くの人が集い、コミュニティーが形成されることを願っています。

多くの人が街に残り、そこで仕事を見つけ、愛する人と出会い、そして家庭を作り、そんな幸せに少しでも貢献したいと日々努力しています。
松田選手を見習って、私自身の夢をしっかりと多くの人につなげていきたい。
それが何よりも私の願いです。
夢はつながる！　心からそう信じて。

おわりに

私がビジネスをやっている目的

皆さん、本書を読んでみていかがでしたでしょうか。
自分の好きなことを夢にして、それを実現すること。
実現可能な夢なのだと信じて、決して努力を諦めないこと。
好きなことだからこそ続けられる、そして実際に追い掛け続けること。
1つの夢が実現したら、より大きな夢の実現に思いを向けること。

それらの大切さを、少しは感じていただけましたでしょうか。
だとすれば私は本望です。

繰り返しになりますが、ビジネスを成り立たせるのは信頼関係であり、そうした信頼関係は相手が困っていることを解決する、その手助けをすることによって生まれます。

自分だけの利得のために行動していては、信頼関係は遠ざかるばかりです。

実際のところ、成功のノウハウそのものよりも、そうした誰かの幸せのために取り組む大切さを、私は本書を通じて皆さんに届けたいと思いました。


私はいつか、サッカーを起点として地方にコミュニティーを形成したいと考えています。

そこにビジネスがあり、雇用が生まれ、子どもからお年寄りまで、たくさんの人々が集い、幸せな時間を過ごすことができる、そのための仕掛けを日々考え続けています。

誰かの喜ぶ顔が、私自身の笑顔の源です。

そんな目的のために、私は今一生懸命ビジネスを続けています。

心にいつも抱いているのは、多くの仲間に対する感謝の気持ちです。


今回、出版の機会を頂きました合同フォレストの山中洋二様、担当していただいた山崎絵里子様、書籍コーディネーターの小山睦男様、その他、すべてお名前を挙げられないのが残念ですが、多くの方々に支えられ刊行に至りました。

心から感謝いたします。

そしてまた明日から、夢の実現に向かってまい進してまいります。

皆さんと一緒に、夢は決して裏切らないと信じて。

２０１８年12月

経営コンサルタント

石塚洋輔

●著者プロフィール

石塚　洋輔（いしづか・ようすけ）

経営コンサルタント
株式会社 With You　代表取締役社長
株式会社 WORLD CLASS STRATEGY　代表取締役社長

1983年埼玉県生まれ。

小学４年生で地元サッカークラブに入団。プロ選手を夢見ていたが、けがをして断念。その後はコーチやけがで悩む人の役に立つ治療系の道を志す。

2003年、大学入学後は出身サッカークラブのコーチをする傍ら、指導者を目指してサッカー部に所属。大学４年生の時に、強豪フットサルチームに入団。23歳以下の東京都選抜チームに選出され、フットサル全国大会で優勝。

2007年、大学卒業後はITコンサルティング会社に入社。１年目に個人営業部門で、２年目に法人営業部門で、５年目に役職者部門で売り上げ日本一を獲得し、退職。

2012年、サッカーの専任コーチへ転身。サッカークラブ運営における多くの課題に気付き、将来的にクラブチームを運営することを決意。

2014年、コンサルティング・介護福祉事業運営会社を立ち上げる。介護福祉事業においては、訪問医療マッサージのフランチャイズ店として、2015年度に売り上げ日本一を獲得。その実績を基に、講演活動や執筆活動に当たる。

書籍コーディネート　有限会社インプルーブ　小山　睦男
編集協力　細谷　知司
組　版　GALLAP
装　幀　華本　達哉（aozora. tv）
校　正　春田　薫

サッカー脳で考える起業のルール
――ビジネスをゲームメークする49の方法

2019年1月20日　第1刷発行

著　者　石塚　洋輔
発行者　山中　洋二
発　行　合同フォレスト株式会社
郵便番号 101-0051
東京都千代田区神田神保町 1-44
電話 03（3291）5200　FAX 03（3294）3509
振替 00170-4-324578
ホームページ http://www.godo-shuppan.co.jp/forest
発　売　合同出版株式会社
郵便番号 101-0051
東京都千代田区神田神保町 1-44
電話 03（3294）3506　FAX 03（3294）3509
印刷・製本　新灯印刷株式会社

■落丁・乱丁の際はお取り換えいたします。

ISBN 978-4-7726-6128-7　NDC 336　188×130